认识你的
原生家庭

The Origins of You

How Breaking Family Patterns Can Liberate the Way
We Live and Love

［美］维安娜·法鲁恩（Vienna Pharaon）著

石孟磊 译

中信出版集团｜北京

图书在版编目（CIP）数据

认识你的原生家庭／（美）维安娜·法鲁恩著；石孟磊译. -- 北京：中信出版社, 2025.4. -- ISBN 978-7-5217-6960-9

Ⅰ.C913.11

中国国家版本馆 CIP 数据核字第 2024PD7473 号

The Origins of You
Copyright © 2023 by Vienna Pharaon.
Published by arrangement with Folio Literary Management, LLC and The Grayhawk Agency, Ltd.
Simplified Chinese translation copyright © 2024 by CITIC Press Corporation
ALL RIGHTS RESERVED

认识你的原生家庭

著者： ［美］维安娜·法鲁恩
译者： 石孟磊
出版发行：中信出版集团股份有限公司
　　　　　（北京市朝阳区东三环北路 27 号嘉铭中心　邮编　100020）
承印者： 三河市中晟雅豪印务有限公司

开本：880mm×1230mm 1/32　　印张：9.25　　字数：170 千字
版次：2025 年 4 月第 1 版　　印次：2025 年 4 月第 1 次印刷
京权图字：01-2024-6250　　书号：ISBN 978-7-5217-6960-9
定价：59.00 元

版权所有·侵权必究
如有印刷、装订问题，本公司负责调换。
服务热线：400-600-8099
投稿邮箱：author@citicpub.com

目录

自 序 / I

引 言　我的原生家庭与你的原生家庭 / 001

第一部分　我们的本源 / 015
第 1 章　我们的过去铸就了现在 / 017
第 2 章　命名创伤 / 031

第二部分　我们的创伤及其根源 / 055
第 3 章　我想有价值感 / 057
第 4 章　我想有归属感 / 086
第 5 章　我想被优先考虑 / 112
第 6 章　我想有信任感 / 139
第 7 章　我想有安全感 / 162

第三部分　改变人际关系行为 / 191

第 8 章　驾驭冲突 / 193

第 9 章　改变沟通方式 / 219

第 10 章　建立健康的界限 / 247

第 11 章　坚持下去 / 265

总结 / 279

致谢 / 283

自序

若不是有如此多优秀的人勇于分享自己的故事，我是无法写出这本书的。在这本书中，我隐去了他们的身份与容易识别的细节。在一些案例中，我把多位来访者的特点糅合成一位来访者的特点。不过，所有的故事都是真实的，我做的任何改动不会改变故事的实质。

此外需要说明的一点是，第 7 章"我想有安全感"的主题是虐待、自杀以及严重的心理健康问题，请你在阅读时稍加留意。

最后，尽管我非常希望你能从这本书中找到符合自己的案例，但是，这本书不可能囊括所有的情况。改变的内容和难度因人而异。有时，你从这本书中获得的新发现可能引发你内心的动荡，或者给你的家庭带来新动力。在你寻求关系治疗时，你与治疗师一起工作能给到你更多的支持。这对那些想要治疗创伤的人来说尤为如此，创伤治疗通常需要更复杂的治疗方法。如果经历过创伤或者有复合型创伤，你可以从与创伤治疗专家的合作中受益。

引言

我的原生家庭与你的原生家庭

我的父母离婚时我仅有五岁。这给我留下了持久的创伤，支配着我之后的人际关系。

长久以来，我不愿承认过去的经历对我生活的各个方面造成了影响。事实上，如果我没有学过心理学，没有掌握创伤造成长期影响的基础知识，没有对人际关系充满好奇，我可能就意识不到早期事件的重要意义。经过多年的探究，我终于了解到多年前发生的事件所造成的影响，在人际关系中逐渐变得游刃有余。在这本书中，我将与你分享宝贵的经验教训。不过，现在还不到分享这些内容的时候，让我们从头开始吧！

首先了解一下我的原生家庭。

1991年的一个夏日，阳光非常明媚。我正在努力把一只薄薄的金手镯改造成一只时髦的圆耳环（别人总说我像小大人似的），爸爸的叫嚷声突然从紧闭的卧室门后传了出来。我很害怕爸爸发脾气。他是那种掌控力极强的人，他的权力欲与控制欲让人感到威胁与被控制。我制作首饰的快乐一下子消失了。

"你走了，就别回来了！"他冲着我妈妈吼道。

这些话刺痛了我。我从来没有听过他对我的妈妈、他的爱人发这么大的火："你走了，就别回来了！"

没过几分钟，我的妈妈飞快地跑上楼，催我收拾东西。我没有时间思考发生了什么，只知道现在我们就要离开。

我们接上我的外婆，去往泽西海岸。我记得我以前在那里嬉戏、堆沙堡，央求母亲在回家的路上停下来给我买冰激凌。不过，我还意识不到这一次我的"家"就要换地方了。送外婆回家，不是短暂的停留，而是长期的驻留。

我们来到了外婆家，顶着太阳奔波了一天，终于安顿下来了。不一会儿，电话铃声响了。当时的电话没有来电显示，不过，打电话的人肯定是我的爸爸。他马上要求和我妈妈通话，而我的外婆知道最好不要把电话给我妈妈。我们马上跑到了邻居家。没有时间思考，只能疲于奔命。

大约十分钟之后，我的爸爸和叔叔开车驶入外婆家的车道。我们远远地看到他们砰砰地砸门，绕着房子转了一圈，张望着里面的动静。我妈妈的车停在那里，我们显然不可能走远。我还记得当时我小心翼翼地把脑袋探在窗边，想看一看外面发生了什么。从远处看去，我的爸爸和叔叔只有小小的身影，但我仍然能感受到他们的怒气。

我想叫爸爸，但我也很害怕。我感到惶恐不安，和妈妈躲了起来，同时我暗自默念："爸爸，我在这里。"

几分钟之后，警察开车驶进外婆家的车道。妈妈让我和她一起躲进壁橱里，我听到她的声音里充满了恐惧。这就是当时的情况。

她让我别出声。随后响起了敲门声，熟悉的声音让我紧张起来。邻居打开了门，两个愤怒的男人和几个警察进来了。警察不停地询问，我的爸爸和叔叔不停地指责。他们知道我们在里面，但我们不让他们进来。

我听到他们越来越愤怒。我祈祷"我一定有办法能平息争吵"。我怎么才能平息呢？我只想让他们都好。

可是，我没有办法让他们都高兴，没有办法同时选择他们，也没有办法在一方不受伤或不失望的情况下满足另一方，至少我是这么认为的。我没有办法阻止这场战争。

在整个过程中，我和我的妈妈拉着手，一动不动地躲在壁橱里。

虽然我不知道该如何形容我的感受，但是，就在那一刻，我的安全感创伤产生了。我当时还不知道我将困在那一刻如此之久。

即使我的父母竭尽全力，也没能保护我免受他们的怒火影响。我的人身安全从未受过威胁，而我的家庭系统正在崩塌。混乱成了常态。我看到两个成年人当面表现出威胁、操纵、偏执、情绪崩溃、辱骂以及恐惧。尽管他们极力掩饰，可我看到了，感受到了，与他们一起体验到了。我的世界突然变得危险起来。我曾经认为他们是我的保护者，而现在他们忙着吵架，已经顾不上我了。

我意识到我只能靠自己建立安全感。

我扮演了调解者的角色，试图扑灭怒火，使家庭正常运转。这是一个五岁孩子要承担的角色。我没有意识到这不是我的责任,只能竭尽全力。我成了一名出色的演员。我知道父母没有精力处理我的事情,为了不给他们增添负担,我会说"我很好"。为了取悦他们,为了说出我认为他们想听到的话,我从来不提自己的喜好,只迎合他们的喜好。我成了没有自己的需要的孩子:任何事情,只要我全力以赴,就能做得很出色;我总想帮他们减轻负担或者转移当下的焦虑。

我的安全感创伤(后面的章节会更详细地介绍相关内容)依然没有得到解决,反复受到伤害,一直无意识地指引着我的生活。我时时刻刻保持警惕,随时准备扑灭下一场可能发生的"火灾",无论引发火灾的是我的父母、朋友还是伴侣。不过,不适合的调解者角色、凡事追求完美的行为给我造成了长期的影响,我花了好些年分析它们。为了取悦他人,我学会了改变、减少、淡化、夸大并歪曲我自己以及我的体验。不过,如果我想获得真诚的关系,我需要通过不懈的努力改掉这个习惯。

我竭力避免出现与父母一样的问题,事实上我却重蹈覆辙。我对受控制(就像我父亲控制我母亲那样)的恐惧让我控制自己。我取悦他人、渴望价值感,这让我故作坚强、伪装自己,无法建立真诚的关系。我待人随和、做事谨慎的人格面具使我不能表达自己真实的感受以及满足内在的需要。我在自己的私人关系与职业关系之中再现了我根本不想重复的模式。

在我刚开始治疗的时候,我对此一无所知。我认为我需要解决的问题是"改善人际关系中的沟通与冲突"。我发现我不知为何与所有人(朋友、同事,特别是约会的对象)都相处不好。不过,我从来没有把这些不同的挫折与困难追溯到童年时的诱发事件。"我挺过来了。"我告诉自己,"我维持了家庭的和睦。"

不过,我的内心更清楚,潜在的问题(冲突的真正原因)要回溯到那充满恐惧的一天,回溯到我的原生家庭以及由此产生的安全感创伤。只有当我开始通过原生家庭的视角探索自己时,我才开始摆脱困境。

当我换个角度看待生活时,我突然能理解自己的处事方式了。我认识到几十年前发生的一段有限的体验对我产生了长久的影响。我忽视过破坏安全感的原初创伤,回避由此产生的痛苦——我养成了保持低调、不给别人添麻烦的性子。

剧透提醒:我尽量不给别人添麻烦,这只会让我感到身心俱疲。我意识不到冲突的根源,警惕冲突出现的行为对我成年后的人际关系没有帮助。我其他的防御机制(待人随和、做事谨慎的人格面具)亦是如此。我想避免痛苦,保护自身"安全",结果却事与愿违。我隐藏真实的感受,不接受自己的需求,也不愿意表达自己,结果,我压抑的冲突在其他场合显现出来。我逃避痛苦与创伤(甚至意识不到这儿还有值得注意的问题),排斥自我的疗愈。

在过去的十五年里,我作为婚姻家庭治疗师,与数百名来访者一起努力工作。好消息是我从自己与来访者的经历得知"事情不一定非得如此"。我们有童年创伤,这不意味着我们一定会重复那些模式。如果我们去了解这些创伤的来源(我们的原初故事),花些时间做出不同的选择,我们就能获得有效的疗愈。事实上,在我们想探究的时候,原初故事就是通往疗愈的指南。

在我的职业生涯中,我作为治疗师的治疗时长超过两万小时。此外,我在社交媒体上的粉丝群有六十多万人,我每天都和他们交流。我在这本书中分享了自己的故事以及许多来访者的故事。为了保护他们的隐私,我改变了他们的名字与生活细节。不过,这些故事的目的是引发你的思考,帮助你真正了解自己与他人。我想帮你探索你的原初故事,说出你的创伤,找到创伤与不良行为之间的关系,最终学会建立并保持健康的人际关系。

这本书将教你如何透过"表象问题"(来访者想通过治疗解决的问题)看到本质,让你探索并连接你的信念、行为和模式的起源,以及原生家庭所起的促进作用。我们发现大多数破坏性与伤害性的模式都源于童年期经受的创伤。了解你的原初创伤及其导致的长期破坏性模式,将有助于解决目前困扰你的冲突和行为。

我们从自己的原生家庭开始。这是我们连接自己、他人与周围世界的基础开始形成的地方。早期的人际关系(他人的存在或缺席、被忽视或高度觉察)影响着你如何看待目前生活中的一切事物。你的原生家庭可能是运转正常的,可能是时好时坏的,也可能是运转不良的。无论程度如何，它都不是完美的。你渴望从家庭中得到他们无法给予或没有给予的事物，需要保护自己不受他们看不到（或者看到）的事物的伤害，以及你想让他们允许你体验那些他们视为威胁的事物。

个体或夫妻想解决的大多数关系难题是过去关系中长期未解决的痛苦与创伤，尤其是原生家庭中的关系。这就是我为什么把我的治疗工作称为原生疗愈工作。

原生疗愈工作整合了家庭系统治疗与心理动力学理论。它的基础是整合系统治疗，这是我在美国西北大学接受婚姻家庭治疗培训时学习的疗法。我们要探索我们目前的行为如何与原生家庭系统联系起来，以更广泛的系统为背景看待个体亟待解决的问题。

我们将在第一部分中看到"如果你不探索原初故事，你的痛苦与创伤往往得不到解决"。不管你如何想方设法地避免那段痛苦的经历[你搬家到很远的地方（心理学家弗玛·沃尔什博士称之为"地理疗法"）或者不和伤害你的家人来往]，都无济于事。如果你想得到治疗，你需要解决内在的冲突，而这需要你了解那些困住你的原初创伤。

我还没有遇到过没有原初创伤的人。在这本书中，我们将探索五类常见的创伤。事实上，你可能发现你的原初创伤不止一种。你可能觉得自己不配得到别人的爱，你总是缺乏归属感，你怀疑自己不够重要、不是他人优先考虑的对象，你很难相信亲近的人，你缺乏人身安全感与情感安全感。

命名原初创伤是治疗的第一步。在第二部分的章节中，我们将详细分析每一类创伤的原因以及破坏性的应对方式，然后阅读一些治疗故事。接下来，我将引导你完成原生疗愈实践。这一实践包括四个步骤：命名、见证、哀伤（我们在阅读中将产生一些感受）、转向，然后做出长期的改变。这样，你在成年关系中不再重复原有的模式。如果你不想再与重要的人出现破坏性的互动，就要关注原生疗愈工作。不过，请不要忽略你的痛苦。无论你如何想方设法，都不能避免原初创伤，你需要开拓新的前进道路。谚语说"克服才是唯一的出路"，我将陪你一起克服困难。

一旦你更了解自己的原初创伤，就会看到这些创伤和你在家庭系统中习得的模式如何影响你现在的人际关系行为。在第三部分中，我们将更清晰地看到你的沟通方式与冲突应对方式，以及你掌握（或没有掌握）的界限知识。随着我们更了解你过去的模式，我将帮你把沟通、冲突、设定或撤除界限的方式转变成更健康的参与方式、更真实的生活方式。

当你发现自己反应过度或陷入破坏性的模式时，你要养成向自己提问的习惯，这样才可能以不同的方式处理正在发生的事情。只知道自己为什么一再选择同一类型的伴侣是不够的，同样，只知道你为什么做出这样的反应也是不够的。原生疗愈工作还包括找到前进的道路——你可以自在生活，带着对自己与他人的关怀、理解和共情，重拾失去的东西。我们不仅关注并治愈你的过去，还将打破并改变目前困扰你的模式与状态。

大量的提示、练习与引导式冥想贯穿本书的始终，你可以一边阅读一边实践。你将开始摆脱那些损害人际关系与生活的糟糕模式与行为。通过具体的步骤，你将走上治愈与自我发现之路。

我再解释一下。原生疗愈工作不是背叛父母、看护者或任何承担父母角色的成年人（请注意：我在本书中经常使用父母、看护者或成年人这些词语。当你看到这些词语的时候，你要意识到它们是指你在成长过程中遇到的承担父母角色的任何人）。事实上，当我和来访者一起工作时，我不会批评或指责他们。原生疗愈工作需要你了解相应的背景，如果我们能触及它们，请带着感恩与怜悯。我们还应该想到我们的看护者也拥有丰富的经历，而他们的经历也是由不良的家庭系统和原初故事组成的，这为他们的生活方式奠定了基础。

虽然探索原生家庭的目的不是抨击他人，但也不是为伤害的行为开脱。我们开始承认并命名自己的经历，而不是贬低与驳斥它们。我们的家人可能已经尽其所能，但仍然无法做得更好。为这些有害的经历辩解，并不能代替你要做的工作。

此外，你的故事与我的故事不同，与你邻居的也不同。你面临的可能是许多比你所知道的多数人更糟糕的事件，也可能是不太糟糕的个人故事。无论你认为自己要面对哪种状况，你都要小心审视自己的故事。

你的工作是命名、承认、感受并认识到原生家庭对你的影响，并且把这种认识作为产生健康持久改变的指路明灯。这不可能是一蹴而就的。你将不断了解你自己、你的伴侣以及你的家庭。无论你的年纪有多大，你都将发现你对新环境的过度反应，注意到引起你注意的悲伤经历，反复遇到你受伤的内在小孩。内在小孩渴望得到你的承认、你的见证、你的哀伤以及你的陪伴。

原生疗愈工作一直是我个人探索的方向，也是我日复一日和来访者一起做的工作。它回忆起你在承受原生家庭带给你的未整合的痛苦和创伤之前的真实情况，提供了改变（持久的、整合性的改变）的契机，让你摆脱困境、重塑信念。

我认为方法不止一种。世界上有多少人，就有多少种方法。不过，我知道的是当我通过家庭系统的视角探索自己的原初故事时，我的生活方式开始变得有意义，我逐渐被治愈。

我不再选择重现我童年创伤的伴侣，而是选择志同道合的伴侣。我对恋爱关系的看法开始缓和起来。

- 我不用一直展现出完美的一面，可以向别人展现出脆弱的一面，并且，我知道可以在谁的面前展现真实脆弱的自我。

- 我不用息事宁人、讨好他人，而是学会尊重自己——即使这意味着我会让别人失望。

- 我不要求别人做出改变、选择不同的生活方式、理解他们自己生活中的苦难，而是我可以认可他们是怎样的人——他们不做出改变，但我能改变我与他们相处的方式。

• 我不用掌控一切，相信有人不会利用我，而会指引我。

我的原初故事错综曲折，令人痛苦万分。1991年11月，我的父母正式分居；1992年5月，母亲带着我离开了家。他们的离婚官司打了九年，成为当时新泽西州持续时间最长的离婚案。尽管现在他们的关系已经大为改善，但是我被迫承受了许多恐惧和悲伤的情绪，我花了数年时间梳理那时收到的信息。我现在使用的许多治疗技术都可以直接回溯到我多年来在我的父母之间扮演的调解者角色。正如我的好朋友兼同事亚历山德拉·所罗门博士所说："创伤和天赋比邻而居。"这句话诠释了一些出色的天赋确实源于我们受过的痛苦。

不过，结局是圆满的。原初故事的探索不仅是了解自我、理解家人或重温过去的途径，还是治愈自己、长辈以及后辈的契机。家庭治疗师兼作家特里·雷尔说："家庭功能失调的现象代代相传，就像森林大火吞噬一切一样，除非某个人有勇气直面火焰。他能抚慰前辈，惠及后辈。"你愿意面对火焰吗？

无论你接受过多年的治疗还是认为治疗对你无效，无论你了解家庭系统治疗还是第一次接触，无论你有沉重的童年回忆还是根本想不起童年经历，这都没有关系。有时，你因为童年太痛苦而想不起来，但是你也会有所感受。重要的是，你要有开放的心态、探索与感受的意愿，愿意了解那些很难察觉、接受并认可的事情。重要的是，你在阅读这本书时要照顾好自己，觉察到自己的状态——你想继续阅读，还是暂时停下来。

你可以决定如何使用这本书。这没有对错之分。你可以和治疗师一起阅读这些章节，也可以自行阅读并反思发生的事情，还可以和你的伴侣、家人或朋友一起阅读并讨论。

无论你选择怎样的阅读方式，也许你阅读这本书是出于以下原因：你正在探索，你需要关注自身的某些经历，你厌倦了承受的负担、你的耗竭模式、你想改变而不得的失望感受。我理解你的心情，了解你的心声，因为我曾经也处于这样的状态。在你进行这项艰巨工作的时刻，我很高兴能与你一同前行。

探索原初故事是你在治愈之旅中迈出的勇敢且显著的一步。现在开始吧！

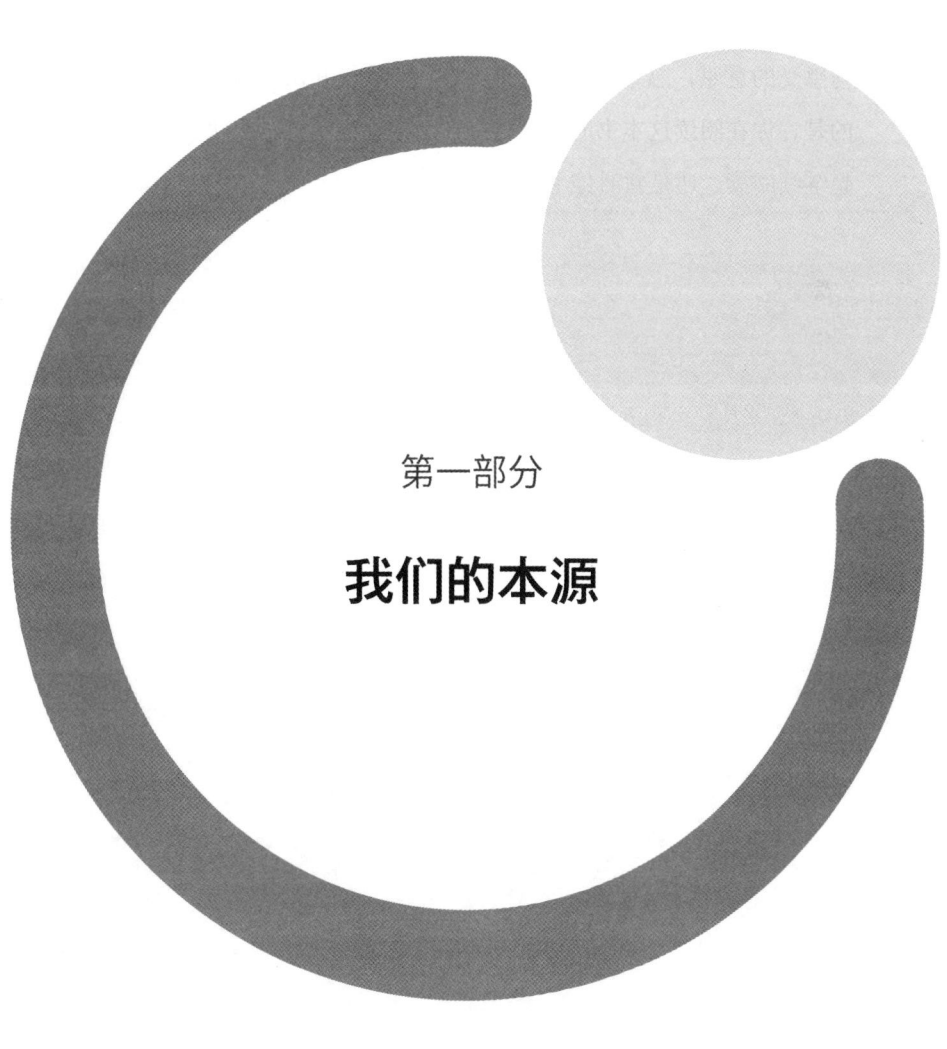

第一部分

我们的本源

第 1 章　我们的过去铸就了现在

我收到了一张来访者的登记表。这张表的信息不多，只有名字、年龄，以及简单说了一下她想解决的问题。

娜塔莎·哈里斯，38 岁
我想搞清楚我的男朋友能不能和我共度一生。这件事困扰了我好久，不能再这样下去了。你能帮帮我吗？

娜塔莎不了解心理治疗。她的朋友终于说服她与治疗师（我）聊一聊，于是，她对第一次会谈感到既紧张又兴奋。

"我非常需要治疗，"她说，"谢谢你抽空见我。我拖了很久，不能再拖了。我的朋友也听够了我的抱怨。"她有点紧张地笑了起来。

我会心一笑。

"我觉得同样的故事一遍一遍重复，就让人提不起兴趣了。自从我和他们认识以来，他们一直听我讲同样的事情。"

"你们认识多久了？"我问。

"哦，我们打小就认识，已经认识三十多年了。"

朋友听够了她的抱怨，她不仅对现任男友不满，对历任男友都不满。

"你总对他们抱怨什么？"

"嗯，我的抱怨更像是感受，不太对劲的感受。他们说我不应该一直挑毛病，就像我只会破坏好事一样。我不太清楚。我想我确实会把对我好的人推开。别人都这么说，或许真的如此吧。"

我已经了解娜塔莎的想法了。他人的评价显然渗入她的叙述之中。她不了解自己的感受，不承认她已知的情况，也不清楚自己真实的状态。

"你的朋友似乎对你的恋爱有很多看法。不过，我很好奇你怎么看待你的男友以及你们的关系呢？"

"好的。克莱德很出色，他聪明迷人、事业有成。他谈吐风趣，待人善良体贴。你看到克莱德，就会觉得他没有任何毛病。所有人都认为他是理想的对象，我与他很般配。"

我打断了她的话："你认为克莱德是理想的对象吗？"我想让她关注自己对他的感受。

"我也这么觉得。他对我很好，人也优秀，我真没什么可挑剔的。我只是觉得这有问题或者以后会出问题。或许我有没注意到的地方，你知道吗？比如，如果意想不到的事情发生了呢？"

"在你其他的恋爱关系中，发生过意想不到的事情吗？"

我突然不谈克莱德，这似乎让她很惊讶。

"我认为没有，确实没有。"她回答。

"你的家庭中发生过意外的事情吗？"我接着问道。

她停下来，疑惑地看着我，"这和我的家庭无关吧。为什么治疗师总是绕到这个话题上来呢？老实说，我的童年很美好。我觉得你发现不了什么，我更想知道克莱德以后会怎样。"

这时，我感受到内心愉悦的轻笑，想到了布琳·布朗的 TED 演讲——"脆弱的力量"，她在第一次会谈中同样与治疗师设定界限："没有家庭的问题，没有童年的垃圾，我只想学习一些策略。"

剧透提醒：只讲策略的治疗方法对布琳没有效果，对你也没有效果。无论你是否承认，"家庭问题"和"童年垃圾"是一切问题的根源。

我知道你可能不想听到这句话。甚至你坚称多年前的事现在对你没有任何影响。你成长了，对吧？或许你已经释怀了。你很难相信几十年前的事依然操控一切，主宰着你的生活。

不过，我确定的是你的过去形成了对你当前生活造成影响的模式。

因此，即便你发生了变化，得到了重要的成长，即使你与过去不一样……你还是家族链上的一环。不管你是否意识到这一点，更宏观的家庭系统正在或多或少地指引着你的生活。此外，你的过去可能操纵着你的生活，如果意识不到这一点，你很可能就经受着由此带来的痛苦。

我的朋友，过去是永恒的。你越想逃离过去，它越是如影随形，越想引起你的注意。你想过为什么你们因为同样的事情反复争吵吗？想过为什么你总是选择同类型的伴侣吗？想过为什么无论你如何努力想要改变，都会做出同样的反应吗？你内心的批评者为什么一再指责同样的事？这是由于你的过去正在寻求你的关注。"童年的垃圾"以某种方式影响着你现在的生活，如果认识到这一点，你将会受益匪浅。

娜塔莎不想花时间探索童年经历，这其实能说明很多问题。我马上就意识到在她开始探索之前还要花点工夫。她还没有准备好，这不要紧。不过，令人兴奋的一点是，家庭故事的探索之旅一定会揭示她的过去和现在之间的重要联系。她将看到她的原生家庭和当下的问题之间的关联。如果她继续探索下去，她就会很快意识到她和克莱德的交往不像她认为的那样一目了然。

娜塔莎不是个例。她和大多数来访者一样只想聊一聊让她来接受治疗的问题——她是否要继续维持这段恋情。深入探究她的过去（家庭互动、行为模式以及几十年前的经历）似乎是无关的、无用与无关紧要的。她知道他们即将订婚（克莱德正在挑选订婚戒指），因此，除了审视这段关系，其他事情好像都是在浪费时间。

和克莱德订婚或分手，是一直困扰她的决定。

当然，从她的角度来看，这是有道理的。大多数人都关注自己想解决的问题，而不是关注自己的原生家庭。不过娜塔莎不知道的是，只考虑克莱德的问题才会让她陷入毫无头绪的状态。在接下来的几个月里，娜塔莎不仅探索了她的童年经历以及过去的恋爱关系，还审视了她与父母、她与姐姐的关系。最终，克莱德的问题以及困扰她多年的其他问题都有了答案。

你值得花点儿时间审视一下自己的原生家庭……不过，这并不容易。在接下来的章节中，我们将一起完成这项任务。如果你意识不到原生家庭的模式，就一定会以可预见的、通常是破坏性的方式一再重现这些模式。就像娜塔莎一样。

在打破旧模式之前，娜塔莎像许多人一样确信自己的童年是理想而美好的。她的父母婚姻美满，她在温馨的家庭中长大。"没什么可抱怨的。我的童年生活非常美好，我觉得到处挑毛病很可笑，很多人的生活比我还糟糕呢。"

娜塔莎出现了理想化与"创伤比较"。因为"别人的情况比她更糟"，所以，她不承认自己的故事。"别人"是指她认识熟悉的人。她的一位朋友受过父亲的虐待，一位朋友13岁时母亲去世了，还有一位朋友的哥哥输光了家里全部的积蓄。

她说："那些才是真正的问题、真正的麻烦，才是真正的痛苦和创伤。"相比之下，她的伤痛不值一提。她认为自己无权感到受伤。

值得注意的是，她使用"真正的"这一词语。我从她的话语中听到的是：我的痛苦和创伤并不明显。它不是明显可见的，别人能看出来吗？我自己能认出来吗？你能理解我的痛苦吗？

因为娜塔莎过去经历过痛苦——我能从她的声音中听出来，也能从她给我讲的故事里体察出来。不过，除非她认为这些痛苦值得关注，否则我们无法解决它。

无论你把痛苦最小化还是最大化，创伤比较都会分散你的注意力。这会让你远离自己——远离你的故事、你的脆弱乃至你的治愈。就像娜塔莎一样，美化过去是常见的现象。这是自我保护的行为。如果你继续从积极的视角看待家人，你就不必面对痛苦，不会感觉背叛了他们或者无视了他们曾经给予的关怀与爱护。如果过去不如你认为的那样安全，你可能有更多损失，担忧自己的现在与未来。

这是困扰很多人的两难境地：既批判性地看待原生家庭，也认可家庭中的关爱与努力。我们很难同时持有两种互斥的观点。不过，如果你看不到自己的原初故事，如果你看不到自己的痛苦与创伤，如果你夸大或弱化自己的真实经验，如果你总是美化自己的体验，或者如果你总是理性分析自己的体验，那么，你很可能成为自己生活的旁观者（产生不真实的感觉）。

娜塔莎需要做的是停止创伤比较，排除其他干扰，关注自己的痛苦，承认真实的原初故事。她需要从自己扮演的家庭角色开始。

你在原生家庭中的角色

孩子们善于察言观色。他们一直观察、留意、感受并理解周围发生的事情。他们非常关注别人的情绪感受，如果他们觉得父母或兄弟姐妹伤心沮丧，就会拥抱或亲吻对方。你会发现孩子注意到了许多成年人忽视的事情。他们的直觉依然敏锐，不受持续出现的事件的干扰。他们关注当下，适应周围的环境，还不会通过借口或弱化的方式遮掩自己或他人的痛苦。他们也不怕说出自己看到了别人的痛苦，就像大多数人一样，他们往往想解决他们觉察到的任何问题。

孩子对痛苦的敏感以及想消除痛苦的冲动往往导致孩子在家庭维系上起着关键的作用，比如为家人提供情感支持，或者看护年幼的弟弟妹妹。孩子也许想让父母暂时忘却生活的艰辛，或者想让父母过得轻松一些。比如，你的兄弟姐妹有特殊需求，你注意到父母的紧张疲惫，就会扮演乖孩子的角色：照顾自己，自力更生，不给家庭增加额外的负担。适应力强的孩子会注意到家庭的需求，并扮演保护自己或保护家庭的角色。

关键的问题是：你多久以前就开始扮演这一角色呢？它可能现在依然影响着你的行为与反应。这是过去的经历产生持续影响的主要方式之一。你可能无意识地选择伴侣、朋友乃至工作。在这些关系中，你发现自己又回到了自己非常熟悉的角色。如果你曾经是家庭完美主义者，你可能在成年关系中依然保持完美主义的倾向。如果你曾经是父母或兄弟姐妹的照顾者，你可能仍然要照顾每个人的需求。如果你是被忽视的孩子（安静、没有存在感、不被关注的孩子），你现在也很难公开表达自己的看法。如果你是家庭中的开心果，你仍然认为自己有责任逗乐别人。不过，童年的角色还会以更微妙的方式影响你，比如在你不想扮演童年角色的时候。如果你曾经是父母的倾听者或情感支持者，你可能发现自己不想为伴侣提供情感关怀与亲密感。如果伴侣或朋友表现出任何情感的需求，可能就会让你想起童年时为扮演支持者的角色有多么耗费心力，以至于你拒绝任何关系、亲密与脆弱。

你曾经承担的是维系家庭所必需的角色。不过，你现在不需要它了。事实上，你的角色可能正是你无法治愈的原因。它可能使你无法发现、命名并处理更深层的痛苦，继而使你无法与伴侣进行沟通与保持亲密。这就是我与娜塔莎一起探究她犹豫与她的爱人克莱德订婚时找到的原因。

几周过去了，娜塔莎一直说自己的童年生活很美好。在几次会谈中，我都询问她害怕他们的关系出现怎样的意外（她害怕有一天发现克莱德有所隐瞒）。我问她在她的家庭与过去的恋爱关系中是否出过意外，她没有找到答案。不过，当我询问娜塔莎有没有隐瞒某事的时候，事情开始浮出了水面。

她说她在十五岁时偶然发现她爸爸电脑上的一封电子邮件。她的电脑出了问题，而她的作业第二天要交，她就问爸爸借电脑。她爸爸答应了。

她说："他肯定没注意他忘了关邮件。"她开始掉眼泪。

"事情一目了然，就在我的眼前。我看了他们的每一封邮件。每一封。我无法移开视线。这太荒谬了。一个不是我妈妈的女人，向我爸倾诉爱意，感叹周末过得多么美好，再也不想和我爸分开了。我爸爸对她说了同样的话。这段婚外情已经持续了好几年。没有人知道。爸爸走到我的身边。我只是含泪看着他，号啕大哭起来。那一周我妈出差，妹妹去参加篮球训练了。他看着我说：'别告诉你妈。我保证我和她断了。'我们再也没谈过这件事，我也没告诉我妈。他结束了这段婚外情——我定期查看他的电子邮件和手机来确定这件事。他让我这么做。我认为这是确保'协议'有效的默许方式。"

她停下来，摇了摇头。在和我分享这件事的时候，她一直低垂着眼睛。现在，她的视线慢慢上移，看到了我的眼睛。

"多么沉重的负担啊，"我平静地对她说，"这个秘密，你保守了二十多年。我能想象到你保守秘密时的痛苦、困惑和疑虑。"

娜塔莎保守了秘密。她出色地扮演了自己的角色。她一直守着秘密，都快忘掉这个秘密了，以这样奇怪的方式让她的家庭继续保持"快乐、关心、爱护"的状态——一切看似是美好的。

难怪她相信她的童年是美好的。娜塔莎的角色是保密者,掩盖并保护家人不受任何潜在的痛苦与悲伤。不过,正是由于娜塔莎的角色扮演非常成功,这段过去的经历才困住了她,让她找不到更具有建设性的方式。

用真实换取依恋

当你年幼的时候,你经常被父母或看护者要求(或鼓励)多做某些行为或少做某些行为,以得到他们的关爱、沟通、认可、安全或肯定。你得到了来自父母的信息,他们认为这些信息不会伤害你,事实上却让你变得不能坚持自我。想一想你儿时做过的事情,你就会认同这一观点。你想知道原因吗?因为你需要依恋,依恋是你生存的必要条件,你需要别人的关爱、期望、选择、保护与重视,保证自己的安全胜过一切。

不过,你需要依恋,也需要真实。真实就是自由地生活与感受,向与自己亲密的人充分展现自我。真实是我们存在的核心。缺乏真实,就会出现内心的死亡。

真实和依恋都是强烈的需求。然而,正如创伤与成瘾专家加博尔·马特博士说的:"当真实威胁到依恋时,依恋打败了真实。"许多人认为这必须有所取舍:为了与你交往,我必须放弃自我,或者为了做真实的自己，我必须选择远离你。这是包括你在内的所有人反复做的决定。

在年幼的时候，我们的确要用真实换取依恋。我们当然会这样做，这是更重要的生命线。好成绩让爸爸感到快乐，举止安静让妈妈不会烦躁，减肥会受人欢迎，身体健康意味着父母少操心，挺身而出意味着爸爸不再伤害妹妹，赞同别人能让关系和谐，帮助妈妈让她没那么急躁。你学会调整自己，确保父母不会抛弃、拒绝、憎恨、批评或否定你。遗憾的是，我们在成年之后依然如此。但这是因为我们习以为常了，并且我们知道"当我们改变自己适应他人时，别人会给予我们认可、归属、优先重视、信任和安全"。

在你关于依恋与真实的原初故事中，你第一次学会了反复背叛自己，学会了放弃自己以获得依恋，开始为了满足你认为的需求而改变自己。

请深入思考一下。你确信成为别人（而不是成为自己）是你达成目的的唯一途径吗？"如果我遵从你的意愿，我就能得到关爱、联结、赞扬、安全与认可。"这是一种自我保护的方式，你竭力调整适应。不过，成功的改变并不意味着胜利。它实际上并没有满足你的期望。即使你因为成绩优异、上演帽子戏法进球或者因沉着冷静得到认可时，你在内心深处也知道发生了什么。你知道出于不真实而获得的认可是不可信的。难怪我们会变成缺乏安全感、信心不足、疑人疑己的成年人了，也难怪我们难以展现真实的自己，难以相信别人会关爱你、选择你、尊重你、尊敬你。

娜塔莎的故事就是极好的例证。她变得善于改变自己。她使家人免受父亲不忠的痛苦，她的家庭温馨而又和谐。不过，胜利并没有让她放松下来，她一直心事重重，无法触及自己的痛苦、悲伤与损失。她用真实的自我换取了对父亲的依恋（父亲要她保守秘密）以及对母亲的依恋（母亲被蒙在鼓里）。这种交换剥夺了她的自由与复原力，使她无法应对关系中的起伏变化，也无法理性地与伴侣走向未来。娜塔莎置身于外，任由过去未解决的问题主宰着她的生活，侵入她的关系与治疗。

现在与未来的关键在于过去

我知道你想瞄准目标继续向前，可是，我想让你回过头来看一看。过去的事情、所有家庭事件都有重大的意义。如果你想治愈你的自我关系和人际关系，你要了解你的原初故事。未治愈、未解决的过去一直影响着你现在的生活，但是，你没必要让它继续影响下去。

遗产、家族秘密、恐惧和不安一代代传承下去。一些事情是公开的、可选择的，比如值得珍视的节日仪式、家庭咒语或周二的玉米卷之夜；一些延续的传统是不健康的，甚至是隐秘的。外婆挑剔妈妈的体重，妈妈也挑剔女儿的体重；孩子讨厌爸爸制定的严厉规则，但他成为父亲后，却因他的孩子没有达成他不切实际的期望而变得越来越不耐烦；一个人害怕邻居的闲言碎语，瞒住了自己的婚外情；年幼的孩子夭折了，家人避而不谈，没有充分地表达哀伤。

娜塔莎发现了父亲的邮件，这让她既对他人产生了怀疑，也对自己产生了同样有害的怀疑。虽然她没有意识到这一点，但她带着怀疑开始生活。她不知道谁是可信的，谁是不可信的。吸引她的是"善良"的人、安全的人——她认为诚实善良、温和体贴的人。不过，无论他们的表现多么一致，她总是认为对方会出轨。她的应对办法就是及早结束关系，这样，她不会像几十年前面对父亲出轨一样面对恋人的出轨。

娜塔莎很难发现这一点。她从来没有把父亲出轨的事告诉别人。她一直藏在心里，现在她告诉了我。接下来的几周，娜塔莎将了解到她对克莱德的怀疑以及对事情将变得糟糕的担心，都是她和爸爸信任破裂的延伸。父亲要求她保密、别说出去，这让她陷入困扰；持续回避与保密的行为让她选择认为出色的伴侣最终会欺骗她。只有当我们深入进行她的原生疗愈实践，她才能摆脱过去的影响，从而建立更幸福的关系，过上更健康的生活。

对于大多数人来说（或许包括你），我们首先必须接受的一个事实是：虽然探索原生家庭是非常重要的，但这并不容易。回溯童年的想法让你心生畏惧。一想到可能发现的事情，你就感到害怕；一思考能否应对你发现的事情，你就感到惶恐不安。此外，回溯童年，似乎偏离了你目前亟待解决的问题。

事实上，我们总是等到自己陷入危机才开始醒悟。根据我的专业经验，伴侣或个体一般拖了很久才会寻求帮助。

无论你是否有伴侣，你或许都发现你试图找到更简便的解决方法，而不是深入的探索。

- 我自己能解决。
- 如果我接受治疗，我会发现更多糟糕的事情。
- 我的家人已经竭尽所能，我不想因为无关紧要的事情怨恨他们。

不过，如果原初故事的探索能让你放下心中的负担，找到期待已久的答案，你觉得怎么样呢？

第 2 章　命名创伤

每一天，许多人像娜塔莎一样第一次接受治疗，想谈一谈他们目前面临的问题。我与个体、伴侣以及家庭进行了数百次的首次会谈。首次会谈总是相似的：我们因为相同的事情反复争吵，找不到解决的办法；我们没有性生活；我对未来感到很迷茫，也不知道我该做什么；我不要再奢望得到妈妈的理解。

大多数人希望尽快找到解决方案。他们想尽快从 A 点（痛苦）到达 B 点（解脱）。"我们怎样才能停止争吵？你能帮我们找到解决办法吗？"甚至他们会问："你不能告诉我们谁对谁错吗？"我们可以制定一些规则与策略，比如如何争论，如何在争论激烈时温和地交流，如何表达感激，如何换位思考洗碗、亲戚或超支的问题。在这样的治疗会谈中，你可能感到如释重负，似乎你已经取得了实质性的进步。

不过，我可以告诉你后续发生了什么。下一周，这对夫妇回来，分享了与上次雷同的故事；那位不期待妈妈理解的女孩又一次和妈妈谈及去南方的事情；那对儿想恢复性生活的伴侣经过失败的尝试，变得更加无助。

在这本书中，我将给你指出一条捷径。虽然它很简单，但很重要。根据前面的内容，你可能已经意识到它是什么。不过，你也许会有疑问，我这里说明一下。

事实是：除了首次会谈提到的问题，后续还有更多的问题显露出来。

如果你想产生长期的综合改变，你就必须了解深层的原因。深层的原因是原初故事以及源于家庭未解决的痛苦（如果你有机会解决当前的事件，你需要关注这些）。如果你无法轻松地解决目前的困境，这是有原因的。原生疗愈工作需要我们探索自己的原生家庭，发现或识别那些痛点，以及命名以前未命名的创伤。

你的起源

你从哪里来？我们从你的起源开始探索。我们不是要追本溯源，而是要回到从前。你将了解到自己的起源。

我们从你的原生家庭开始。这是你成长的家庭系统，其中有你曾经以及现在仍然保持情感联结的人。我在这本书中将交换使用原生家庭和家庭系统这两个词语。无论你和你原生家庭中的成员是否存在血缘关系，他们都为你的信仰、价值观和自我认同奠定了基础。原生家庭是你第一次获得爱、冲突、批评等一切教育的地方。你的原生家庭教你如何认识自己，如何与他人交往，以及期待从关系中获得什么。你可能只有一个家庭系统，或者你和我一样（父母离异，出现两种不同的家庭状态）拥有两个家庭系统，你还可能拥有更多的家庭系统。

对许多人来说，父母和兄弟姐妹是主要的引导者。不过，对另外一些人来说，原生家庭包括祖父母、继父母、继兄弟姐妹、收养家庭、寄养家庭以及与你同住的姨姨或叔叔等。在我的来访者中，有的人由保姆抚养长大，他们与保姆相处的时间比与亲人相处的时间更久；有的人放学后去邻居家，他的父母晚上十点钟才能下班接他。这些重要他人显然也属于原生家庭的一部分。

如果你在多重家庭系统中长大，你可能想探索每个家庭系统。融入多个家庭不是一件容易的事情。不同的家庭提供了不同的教育内容，你可能收到互相矛盾的信息，无论是在职业道德、教育重要性还是孩子恰当行为的领域。你可能必须遵守不同家庭的不同规则——比如你可以看多久电视，你必须几点上床睡觉，你可以吃哪些食物，或者你需要做哪些家务。如果各个家庭的社会经济地位或宗教信仰不同，你可能会学会在各个家庭中如何生存。

不过还有一个不同点是，你在哪个家庭中曾体验到痛苦、悲伤、轻松或快乐。你可能觉得自己在一个家庭中有价值感，在另一个家庭中没有价值感；你可能在一个家庭中感到安全，在另一个家庭中感到害怕；你可能觉得一位家长优先考虑你，另一位家长不会优先考虑你。适应多重原生家庭不是一件容易的事情。不过，在我们深入探索之前，你需要了解自己在不同家庭的经历，因此，你要留意这些原初故事中的各个方面，不仅仅是主要生活的家庭。

原初故事是关于第一次经历的故事：你第一次掌握某个技能，你第一次目睹某件事情，家人第一次告诉你一件影响你的事，关键的是你受到的第一次伤害。虽然第一次经历都很重要（无论它们是什么），但是，真正留下印记的是第一次感到痛苦、生活第一次发生改变或者某人要求你改变自己的时刻——即使那段真实的记忆一直被埋藏起来。

我想提醒的是，尽管你从原生家庭第一次得到关于爱、沟通、界限等方面的教育，但是，原初故事不一定源于你的家庭，甚至不一定源于你的童年！你将会发现源于社会、媒体、宗教、老师、教练与过去恋爱关系的原初故事和影响。这些故事可能是你在青少年期、成年早期，甚至是不久以前（当你第一次遇到某事的时候）形成的。原初故事通常（但不一定总是）是童年故事。我们一直书写并调整自己的生活叙事。

你当下可能认为自己已经对此有了充分的了解——确实如此，毕竟你是唯一的亲历者。不过，每当我回溯过去，都会有新发现。我通过新视角了解自己，我想你也可以。接下来，我们深入了解一系列原初故事。

原初问题：开始

在刚开始治疗的时候，我需要了解来访者的成长背景，比如原生家庭、关系动态（过去的关系与现在的关系）、每位家庭成员的特质、成长过程中的经历和观察等。在这一过程中，我们还要找到你儿时的愿望以及未被满足的需求。我知道这很困难，但这对了解当前的敏感性是非常关键的。

随着不断的探索，你可能想起家庭成员的特质或特征，而你在过去很长一段时间里都没回想起来。你可能反思你的家庭经过特殊的事件之后发生了哪些变化，或者行为和信念如何一代代传承下去。熟悉家庭系统中的这一部分是很重要的，这有助于你更全面地了解原生家庭、你与他们的关系以及他们彼此之间的关系。这能帮助你识别家庭模式。

我建议你在阅读本书并进行相关练习时，随身携带一个笔记本。你可以记录一些极有共鸣的内容，也可以记录你对许多问题（你在探索过程中被问到的问题）的回答。当你开始探索的时候，请照顾好自己。

我提的问题可能因人而异，不过，我总会提一些共同的问题：

- 在你的成长过程中，谁在你的身边？
- 你周围的成人是如何对待彼此的？

- 他们如何表达对彼此的关爱？
- 谈一谈你的父亲——他这个人怎么样？他对你怎么样？说一说你认为他有哪些优点以及哪些缺点。
- 谈一谈你的母亲——她这个人怎么样？她对你怎么样？说一说你认为她有哪些优点以及哪些缺点。
- 如果你的生活中有继父母或其他类似父母的长辈，请回答上述问题。
- 有没有一些事情改变了他们对对方、对你的方式呢？如果有，请说一说具体的事件以及发生了哪些改变。
- 你的家人遇到过心理问题吗？
- 这些问题解决了吗？
- 在你的家庭中出现过出轨、背叛、重大变化、损伤或去世的情况吗？
- 这对你的家庭有哪些影响？
- 你希望你父亲了解你什么？你希望你母亲了解你什么？
- 如果他们了解你的这些方面，你认为你们的关系会有哪些不同呢？
- 你小时候的渴望是什么？
- 如果你有兄弟姐妹，谈一谈你和其中一个人的关系。
- 如果你告诉爸爸某件事且不会有任何后果，你想对他说什么？

- 如果你告诉妈妈某件事且不会有任何后果，你想对她说什么？
- 你最美好的童年记忆是什么？
- 你最痛苦的童年记忆是什么？

回答这些问题，需要时间、好奇心、开放的心态、勇气以及敏感的觉察，但这让你有机会深入思考你过去和现在的经历。

揭开创伤

当你深入过去的记忆时，你可能面对的是有挑战性的、引发情绪的事件，这很正常。原生疗愈工作需要我们识别并命名自己的原初创伤，即那些你还没充分意识到的、源于过去的、未愈合与溃烂的痛苦。揭开并命名原初创伤是获得治愈最重要的步骤之一。

一听到"创伤"，我们总是先想到身体创伤。还记得你小时候磕破膝盖或手肘吗？父母帮你清理伤口，贴上创可贴，提醒你得让它透透气，才能好得快。然后，伤口上面会结痂。不过，伤口又磕到了桌角或者你抠破了结痂（孩子会这么做），结果伤口又开始流血了。一旦伤口破损，你就和第一次一样感到身体上的疼痛。

情感创伤也是类似的。情感创伤形成的原因是你曾经有过一段痛苦的经历，而这段经历对你的情感和心理产生了影响。它表面上没有任何迹象（比如结痂），但会产生持久深远的影响。情感创伤和身体创伤一样，在生活中被磕磕碰碰，再次变得坑洼不平。

不过，身体创伤能自然愈合，情感创伤在不加干预的情况下不会自行痊愈。我得遗憾地说，时间无法治愈所有的创伤。虽然时间能淡化一些情感创伤，但是，深层的情感创伤需要你的关注、你的临在、你的情绪表露以及你有意识的能量。创伤不会消失，只会褪色。

这就是为什么你不能对情感创伤视而不见。寻找原初创伤不是让你白费力气瞎找一通，而是指引你找到痛苦的根源。对多数人来说，情感创伤源于家庭系统，我们要从这里开始。

你最想要的是……

这是治疗师曾经问我的一个重要问题，也是我在开始治疗工作时经常问来访者的一个问题：你小时候最想要却得不到的东西是什么？

坚持一下。别忽略这个问题，你要花点儿时间回答它。我知道它可能引发许多情绪，也知道你在诚实作答时需要鼓足勇气并允许自己脆弱。不过，你的回答包含着重要的信息。

在你的家庭系统中，你想要却得不到的可能是你本可以拥有的东西。比如，即使你的成绩不好，也想有价值感；即使你与众不同，也渴望家人的接纳与关爱，也想有归属感；你想让家人优先考虑你；你想得到家人真诚地对待，希望他们不对你有所隐瞒；你想在令人害怕的家庭中得到保护。

当这些事物没有出现的时候，就会形成创伤。

换句话说，你可能出现价值感创伤、归属感创伤、优先级创伤、信任感创伤或安全感创伤。在第二部分中，我们将更详细地探讨这些内容。不过，现在你只需知道当你求而不得的时候，就会出现痛苦，而这些痛苦需要得到你的审视。

这不是让你寻找家人的错误。你的父母可能非常关心你，但是他们没有办法满足你的情感需求。你还要注意，不是拥有世界上最糟糕的故事才会受伤。你要尊重自己的体验，不要篡改、曲解或掩饰。这项工作的内容是命名你的创伤以及见证需要你注意的自我部分。当我们能够这样做时，我们就开始向自己暴露创伤。

你还记得娜塔莎为了家庭和睦，不仅帮父亲保密，还说不出自己的痛苦吗？为了挽救父母的关系，她如何掩饰自己发现了父亲出轨的证据？不过，无论她承认与否，娜塔莎对父亲的看法（关于父亲与父母婚姻的故事）在发现他出轨的那一刻就破灭了——她曾经认为她的父母彼此相爱、婚姻美满；她一直认为父亲是个善良正直的人；他每天晚上六点之前到家，愿意与家人共度时光，还为妻子做浪漫的事情，他真的很爱自己的家人。

娜塔莎无法调和她所看到的事情、所体验的感受，她没有办法把心中的父亲形象与有多年外遇的男人联系起来。她的生活、她快乐的回忆，都受到了质疑。她感受到了欺骗与背叛，她肯定母亲和妹妹的感受也是一样的。那一刻，她与父亲的关系发生了根本性的改变，同样，她与母亲、妹妹的关系也发生了根本性的改变。

她产生了信任感创伤。

娜塔莎发现了她的创伤，发现了她的渴望。在接下来的几个月里，我们一起探索她的童年、这次信任的破裂以及持续的影响。她命名了自己的信任感创伤，承认了她儿时的渴望是信任（而不是背叛）。此时，她发现了全新的、需要关注的自我部分，这第一次让她有了治愈的可能性。

我儿时最想要的是"我可以表现不好"。我希望当时的我知道我不必装得若无其事，即便挣扎与痛苦也没关系，我不需要成为适应良好、从容不迫的孩子；我希望我的父母当时能允许我这么做；我想让他们真正看见我、理解我，而不是只看见与理解我掩饰后的表象，我想让他们看穿我的伪装；我希望他们能调节自己的情绪，这样，我就不用为他们负责；我不想为了照顾他们的感受，总说一些言不由衷的话。这是我所希望的改变。

现在轮到你了。

你可能知道自己在童年时期（或者一段重要的成年关系中）的渴望。你可能觉得这太容易了，根本不用多加思考。不过，如果答案不太明显，你需要慢慢思考，找到你真正求而不得的渴望。我们还可以改变提问的方式：如果你的童年能够改变，你想要的改变是什么？

如果你找到了答案，这很好；如果你一无所获，这也没关系。你一定会有找到答案的契机。

我们如何掩饰自己的创伤？

所有治疗师最喜欢提的一类问题是限制性问题（constraint question）。与其提问做某事（或者不做）的原因，不如提问阻碍你做某事（或不做某事）的因素是什么，限制条件是什么。

在你命名或揭示自己的创伤时，这类问题同样适用：阻碍你看见自己创伤的因素是什么？事实上，大部分人会使用一种或多种有创意的方法，阻碍自己看见创伤、揭示创伤或花时间处理创伤。我们会有意或无意地做出这类行为。

隐藏

掩饰创伤的方法之一是隐藏，我就非常擅长隐藏。你或许能猜到这一点，因为我小时候就这么做过，我和妈妈确实藏在壁橱里。从十几岁长到二十来岁，我隐藏的本领越来越强。我隐藏了一切脆弱的东西。男友做了我不喜欢的事，我假装不在意；朋友利用我，我装作没看见。在任何情况下，我说我很好，实际上并非如此。

我太会隐藏了，你永远不知道我心里有多么害怕和不安。

隐藏使别人无法了解你的真实想法。而同时，你对别人隐藏自己的伤心、痛苦、恐惧与不安，却让你以不真实的方式生活在这个世界上。比如，我的来访者阿扎姆有安全感创伤，这让她被抑郁症困扰。有时，难受的感觉让她度日如年，但是，她在陷入困境时不会告诉任何朋友，而是周末独自一人待在家里。为什么？她的朋友没有觉得她感到沮丧或郁闷所以没有去找她。多姆有价值感创伤，耻于谈论自己的原生家庭，他害怕被恋人瞧不起，所以从来不把恋人带到父母的家里。隐藏可能让你在短期内感到安全，但最终导致的结果是你在重要的关系中没有展现真实的自己。

回避

掩饰创伤的另一种方法是回避。你不去触及自己的创伤，从而回避自己的创伤。你尽量拉开自己与创伤之间的距离。你可能害怕别人的排斥或者亲近，所以你不去面对这一创伤，选择从不约会；你可能害怕失败，所以你从未提过升职申请。毕竟，如果你从来没有触及或看见自己的创伤，你也就不会揭示自己的创伤。这是回避的保护功能。

表演

一些人以表演的方式掩饰创伤。表演者拥有精湛的演技。你可以是完美主义者，使你的生活看似完美，这使你不必面对自己的恐惧、疑虑和不安。如果你表演出色，就不必面对痛苦。珍妮就是这样做的。她每周工作九十小时，只是为了得到老板的褒奖与同事的钦佩。她的工作业绩斐然，不过，她开始感到自己的工作表现不如从前。多年以来，她一直用工作表现衡量自己的成败。如果她总是在工作中受到嘉奖，她就不会产生自己不够好的感受，而不够好正是她童年时经常出现的感受。

讨好

我们还会讨好他人来掩饰创伤。你讨好他人，竭力不让别人失望，不知疲倦地取悦他人。罗泽是一位典型的讨好者。他告诉我他会参加所有朋友举办的每次活动。讨好者从不拒绝别人的邀请，总是最早出现，最后离开。他们想一直得到别人的赞许，就像罗泽一样，别人的赞誉让他不用面对自己不受欢迎或不想长大的感受。

允许自己脆弱是一件让你害怕、感到有挑战的事情。不过，这是我们为摆脱困境所做的尝试。如果你隐藏创伤，你就无法得到治愈；如果你回避痛苦，你也无法得到治愈。

此外，如果你用表演或讨好他人的方式远离自己的创伤，你就看不到自己的创伤，也就无法治愈。请仔细思考一下。

如果你掩饰自己的伤痛，就无法改变自己的生活。如果你不留意那些你需要关注的事情，就无法采取不同的生活方式。掩饰只会让你陷入困境。我明白，你可能还没有做好准备（向别人袒露你的痛苦，甚至充分体会自己的感受）。不过，在阅读这本书的时候，你可以尝试为自己留出一点儿空间。这里只有你和我，如果你有顾虑，就不必把你的痛苦告诉别人。

掩饰创伤的代价

掩饰创伤的原因是我们难以面对创伤。创伤会引发情绪与疼痛，让我们聚焦在过去痛苦伤心的经历上。关注当下比探究过去更容易。我想如果我们不用承认创伤就能继续生活，估计很多人都会报名。

不过，勉强继续是行不通的。你知道为什么吗？因为创伤是不会消失的。你远离了创伤，创伤仍然在那里；你忽视了创伤，创伤不会自行修复；你回避了创伤，创伤无法被治愈。

创伤一直存在的原因是它们想被治愈。

如果你试图掩饰创伤，它会想办法引起你的注意。事实上，它一直以你察觉不到的方式引起你的注意——这些方式比你认为的更常见。事实上，上一周或上一个月，创伤想要引起你的注意，但你不知道自己要注意什么。

你可能发现自己在不知不觉中像极了你的父母，比如你指责伴侣的口气和你妈指责你爸的口气是一样的，你冲伴侣发火的样子就像你父母对对方发火的样子。另外，你可能害怕重蹈覆辙，尽量避免效仿父母的行为。这种冲动在一些情境下是有益的，但也会使你在恐惧的驱动下做出决定——比如不惜一切代价避免冲突。虽然这种做法让双方看似相安无事，但是，你压抑了沮丧或担忧的情绪。

这听起来是不是很熟悉呢？你可能已经觉察到这些行为在你的友谊、工作关系或你以前或当下的婚恋关系中显现出来（别担心，不止你一人）。无论这些行为是有意或无意的，它们都是原初创伤想引起你注意的重要迹象。

过度反应

过度反应是最明显的创伤迹象之一。你对某件事的反应很强烈，这种反应就是一种警示。你的内在自我知道发生了什么，你的过度反应让你知道自己讨厌当下发生的事件，知道自己感到不适或受到威胁，或者知道自己面临着危险。

有时，出现过度反应的原因是你非常熟悉的感觉出现了。你和伴侣谈起一些让你脆弱的事情，而对方只顾着低头看手机，你就感到非常恼火。他的漫不经心让你想到了你的父母，他们在你成长的过程中从来不会优先考虑你。你和朋友约好了见面，她又爽约了，这是第三次了，于是你和她绝交了。她的随意让你想到了你的父母，你的父母答应你的事情从未兑现。

我们都有过类似的经历。我在 Instagram 社群中问"令你产生过度反应的事情是什么"，群里出现上百条回答。其中一些回答是：被批评、遭抛弃、受责备、逃避责任、别人说我太敏感、打断我说话、不被理解、被排斥等。为什么我们会反应过度呢？在后续的章节中，我们在探索不同类型的创伤时会进一步探讨这一问题。不过，现在的重点是，你要知道强烈的反应就像沙漠中的旗帜一样，如果你挖深一点，就会找到需要处理的原初创伤。

夸大事实

内在创伤的另一个迹象是夸大事实或者你的表现与诱发事件不一致。马希卡与她的男朋友交往几个月了，于是，她热情地邀请对方来家里吃饭。不过，当她的男朋友空着手来到她家，马希卡忙着做饭，而对方一屁股坐在沙发上的时候，马希卡就不太高兴了。对方很健谈，说了自己的近况，还关心了马希卡的近况。但是，马希卡内心嘀咕：真不敢相信你居然这么不体贴，你咋不问一问要不要帮忙呢？你就会使唤人，我烦透了照顾别人。不久，她就把内心的怨怼说了出来。"你不想和我在一起，为什么还要过来呢？"她哭了起来。这种交流方式令许多人感到困惑。受邀而来的人只是高高兴兴地来到这里，可能并不知道刚才发生了什么。马希卡的过度反应针对的既包括当下发生的事件，也包括当下没发生的事件。

如果你的反应过度，你就要思考一下它背后是否有错综复杂的因由。这有助于理解当下发生的事件，或者至少给它提供一个理解的背景。在这个例子中，马希卡在酗酒的父母身边长大。父母只会一屁股坐在沙发上使唤她。她的男朋友空手而来，也不主动帮忙，于是马希卡无意识地唤起她被家长使唤时的愤怒情绪。从深层来看，她体验到的是过去的消极情绪，而不是现在的消极情绪；并且，由于未治愈的优先级创伤，她产生了强烈的反应。我们将在第 5 章中着重讨论这类创伤。

功能失调

掩饰创伤的另一种迹象是你反复做出不利于情绪、身体、心理、关系或精神健康的行为和选择。你可能一再选择同一类型的伴侣：他们总是欺骗你或瞒着你，或者他们情感淡漠或不想结婚。或者你在一夜情之后第二天总是感觉很糟糕，你再也不想一夜情了，不过你发现无论你怎么下决心要改变，你都会做出同样的行为。你也可能花光积蓄，追赶朋友的消费水平，却在月底交房租时捉襟见肘。

你有过类似的行为吗？

这都是功能失调的表现。这类行为包括拖延、约会时耍心计、撒谎、原谅伤害性的行为、陷入无意义的争论、出现消极的自我对话，以及在一段关系中总是吃亏（非互惠关系）。其共同点是它们都反映出未被承认的创伤。

破坏

最失调的模式之一是损害我们自己以及我们的关系。当你做出破坏行为时，你往往会无意识地考验他人，想继续隐藏并加剧自己的创伤，或者想把需要治疗的创伤显现出来。

我认为考验关系或破坏关系最常见的方式之一就是不忠。欺骗有多种原因，不过，根据我的治疗经验，欺骗是一种破坏行为。"如果我出轨，你发现了就会离开我"，其原因是"我不配拥有这段关系"。这强化了"你不配拥有爱、亲密或恋情"的价值感创伤，最终表明你不值得被选择。

不过，个体做出破坏行为，也可能是为了治疗创伤。治疗过程可能是："如果我出轨，你就会发现，这将破坏我们的关系，但我们可以谈一谈为什么我觉得我配不上你，谈一谈为什么我觉得我不够好，或者你能帮我了解为什么我是你生命中有价值、重要的人，值得和你一起携手未来。"这种情况比你认为的更普遍。

提出你无法接受的建议

最后，你可能想不到的一个创伤迹象是：你给别人提出的建议，自己却做不到。我知道很多人赞同这一点，我敢肯定大多数人曾经做过这样的事情：你告诉朋友不要搭理他的前女友，但是，你的前女友一发信息，你立马就回复；你建议自己的弟弟或妹妹在面试前如何调适心态，但你在面试时却不自信；你在自己的社交主页上说人要自爱，但你很难喜爱自己。

如果你难以接受或采纳自己提出的建议，这说明你有未解决的创伤。你提出自爱的建议，自己却不能接受，原因是你从小认为没有人会爱你。我们的言行不一致，表明我们必须放慢节奏，弄清未治愈的创伤是什么。

以上方式不是创伤引起注意的全部方式，但我认为它们是最常见的创伤迹象，让我和我的来访者知道还有更多值得审视的地方。如果你出现以上任何一种迹象，我几乎可以断定你还有更多未揭示的创伤。

命名创伤

你将在这本书中看到大量的故事。因为许多人都擅长掩饰自己的创伤，有时最简单的方法就是通过别人的故事觉察自己的创伤。他人的故事可作为示例，引起我们的共鸣。阅读这些故事并进行相应的练习，有助于使被你掩埋或难以察觉的创伤显现出来。你不一定有我所提到的各种故事和创伤，不过在这一章以及第二部分，我希望他人的故事及他们的发现能引发你的顿悟，帮你命名自己的创伤。我们从我的来访者莫妮卡开始吧。

四十一岁的莫妮卡找我治疗，她怀不上孩子，感到很伤心。她想尽一切办法也没能怀孕。她身心俱疲，只想赶快怀孕。

她说她的现任丈夫迈克尔温柔体贴、愿意付出，与第一任酗酒的丈夫截然不同。不过，前一天晚上，她和迈克尔从各执一词到针锋相对，吵得不可开交。莫妮卡在谈到这场争吵时为自己的行为感到羞愧。

"我知道迈克尔下班后打算出去吃饭。一周以前，他和我说了这件事，早就定好了。他十一点左右回到家，我无缘无故和他吵了起来，甚至摔了他的手机。我尴尬极了。"

她的反应过于强烈，却又莫名其妙——甚至她也这么认为。她问道："我不知道我为什么那么做。他没有错，他晚饭后回到家，一直和我沟通。我怎么了？"

莫妮卡过度的反应是创伤为了引起她的注意而造成的严重情况。我们决定进一步探索，看一看前天晚上她的创伤是不是被激活了。

莫妮卡的母亲二十来岁时怀上了她。"我的爸爸从不在身边，我的妈妈也不知道怎么当妈妈。没有人照顾我，没有人指导我，也没有人支持我。没有人留意我的存在。我必须自己解决一切：从做作业到吃饭，再到上下学。这太可怕了。"

这时，我提出一个重要的问题（我的治疗师曾问过我）："你童年时求而不得的东西是什么？"

她回答："所有东西。"

从许多方面来看，这是真的，但有失偏颇。我静静地坐着，给她留一点儿时间调整自己。

她的眼中噙满了泪水。"我只是想知道我很重要，有人关注我，有人问一问我的状况。一切靠自己太累了，是我的要求太高了吗？"

当然不高，但是，这不能改变她的感受。

我问道："昨天白天发生了什么事？"

"我不仅要上班，还要看医生。"

"结果怎么样？是生殖科的医生吗？"

"是的。结果不太好。医生的话让我感到沮丧不安。医生认为我无法怀孕，建议我们考虑代孕。"

她很难接受这个消息。

在前几次会谈中，我了解到她的第一任丈夫尼克最喜欢酗酒。他会忘记重要的事情，错过早就定好的活动，他要么宿醉未醒，要么神志不清，什么也帮不了莫妮卡。这段婚姻显然重复了她童年的互动模式，注定要失败。它确实是失败了。

不过，莫妮卡经过谨慎的考虑才选择了迈克尔。"一切都很好，"她说，"他爱我，为我们的将来打算。我们都喜欢冒险，相处得很愉快。"她确信他们不会有问题。

我问她："迈克尔对代孕有怎样的看法？"

"我不知道。我没告诉他。"

"哦？你为什么不告诉他呢？"

"我们不经常谈论生育问题。他太想要孩子了，很难接受代孕。在他的第一次婚姻中，生孩子就是大问题。他的前妻不想生孩子，于是他们离婚了。所以我不想让他知道。他知道我约了医生，做我该做的，你知道吗？我有责任怀孕。"

"我知道，"我说，"我知道你总靠自己解决问题。我在想你昨晚想这件事时，想到了什么？尽管你知道迈克尔出去吃饭，但是，你想让他问一问情况怎么样。这样，你就不用一个人考虑接下来怎么办了。"

我们沉默了几分钟。她的身体弯了下来，双手捂住脸，抽泣起来。当然，迈克尔并不知道莫妮卡在看医生时发生的事，甚至不知道她看过医生了。在这一背景下，莫妮卡过度反应的原因就慢慢浮出水面。

迈克尔和莫妮卡的婚姻很和谐，但是，莫妮卡无法独自决定。他们都想要孩子，这需要双方的参与。她需要感受到他的努力、他的兴趣以及他的承诺。她令人困惑的过度反应直接指引着我们找到了她童年的创伤（我们将在第5章中详细讨论优先级创伤）。迈克尔没有提供支持、指导与关爱，这激活了她的创伤。

当你多次按下"再一次"的按钮时，你常常会自我批评，甚至厌恶自己。像莫妮卡一样，你可能问自己："我怎么了？我为什么一直如此？为什么我不能改变这种模式？为什么我一直选择这种人呢？为什么我总是对我妈发脾气？为什么我还没办法释怀？"不过，这些问题只会让你兜圈子，并没有指明解决的方向。事实上，你的行为均有理由，你的内在自我想保护你。你只需要你的意识来帮助你摆脱原有的模式，走上一条更健康、更具建设性的新道路。首先，你必须揭开并命名那些促使重复模式出现的创伤。

你选择这本书的原因是你和他人的行为使你走上了原生疗愈之路。在这本书中，你会了解到要想走上更健康的道路，你需要审视你的原初故事，以及你在家庭中由于求而不得所导致的创伤。你会学习提出一些问题，比如："这种状况似曾相识吗？""我第一次出现这样的感觉，是在什么时候呢？""当时我和谁在一起？""这一刻，激活了我过去怎样的经历？"你会开始注意自己的失调行为，找到并理解当前出现的、你需要关注的原初创伤。

你会学会如何命名自己的创伤，如何看到并尊重你过去的痛苦，与你的痛苦同在，然后找到改变你人生与行为模式的方法。这就是你将在下一章中学到的原生治愈实践。

在本章的结尾，我想提醒你：你的生活不会困扰你，而是会治愈你；你的创伤不想伤害你，而是想让你得到解脱；重塑自我并掌控生活是漫长持续的过程。不过，在觉察原初创伤的影响、努力减少创伤对当前行为的作用的过程中，你就已经走上治愈之路了。

因此，在从"现在开始吧！"到第一次接受治疗的转变中，你准备得怎么样？

第二部分

我们的创伤及其根源

第 3 章　我想有价值感

在多年前的一次活动中,我让参与者补全这句话:"我没有价值,是因为＿＿＿＿＿＿。"房间里先是一片沉默。接着,他们慢慢勇敢地说出对自己的看法。房间后面传来一个低低的声音。

"我不够苗条。"

另一个声音说:"我总犯同样的错误。"

还有一个声音说:"我不够成功。"

另一个声音说:"我没有工作,全靠丈夫的收入生活。"

声音不断传来:

"别人更有魅力。"

"我很懒。"

"我是个工作狂。"

"我太情绪化了。"

"我的家人很难相处。"

"我什么都做不好。"

"我不够聪明。"

"我从不向别人敞开心扉。"

"我太敏感了。"

"我很胖。"

"我离婚了。"

"我伤害过别人。"

"我一直单身。"

"人们离开我。"

他们眼里含着泪。当听到其他人的理由时，他们一直不赞同地摇头。这次练习让人们团结、产生了凝聚力——我们都有共同点，我们在一起。我们可能曾进行过多次这样的练习，大家都明白这已经足够了。

你认为自己没有价值，就会觉得自己不配拥有美好的事物。你觉得自己不够好，不配得到别人的爱、关注、陪伴以及承诺。你可能很难相信你可以拥有快乐、轻松和恋爱关系。价值感创伤是指你很难相信自己是有价值的、值得珍视的，你不需要表演或完美就值得拥有你想要的事物。

许多人在内心深处都有价值感创伤。你认为自己不正常、太懒或不配获得爱情。你问自己：如果我的父母不爱我，还有人爱我吗？如果我不成功，我还值得爱吗？有人愿意和我在一起吗？如果我不够优秀，别人会选择我吗？

"我没有价值,是因为……"答案似乎是无穷无尽的。

不过,如果这个前提是错的呢?如果你值得拥有美好的事物呢?如果你值得拥有爱情、喜悦和稳固的恋爱关系呢?

毕竟,你不是生来就没有价值的,那么,从出生到你产生疑问的这一刻,究竟发生了什么?

就像这次活动的参与者一样,你可能准备给自己贴上没有价值的标签。事实上,你听到"你生来就有价值",可能觉得有些牵强。我曾经对有价值感创伤的人说过这样的话,他们的回答是"这个观点很好,我听到了你的话,但我感觉不到,甚至不知道这有什么意义"。老实说,即使你现在不确定,即使你认为"别人有价值,我没有价值",都没有关系。不过,我希望和你一起探索,看一看我们能不能一起去改变,使它变得更合理。你愿意吗?

你为什么觉得自己太胖了,太容易情绪冲动,或者不配谈恋爱呢?这从何而来?谁第一次提到呢?你怎么会认为自己没有价值呢?就像所有创伤一样,答案是显而易见的。

使你相信你没有价值的是原初故事。

我没有价值,是因为……

随着治疗经验不断累积,我越来越确定我们可能都有价值感创伤。至少,我们的价值时常会受到质疑。

每天早晨,科琳娜趁男友还没睡醒就起床化妆,再回到床上躺着。这样,当他醒来时,他就会觉得她很美。

克里斯托夫确信除非他赚到更多的钱,否则他喜欢的女人不会搭理他。

阿里认为他的慢性病对伴侣来说是个很大的负担,他根本没办法结婚。

这些表述是他们认可的自我故事,体现的是价值感创伤。

你认为自己不配得到别人的喜爱、选择、期望、追随或者不够好,是从哪里开始的呢?你记得那些话吗?记得那些行为吗?记得有条件的爱是什么感觉吗?记得你被抛弃时留给你的故事吗?

我开始给维罗妮卡治疗,她当时五十来岁。她一直单身,从来没有结过婚,也没有生过孩子。她已经接受了几十年的治疗,但治疗的效果一直不好。她在华尔街工作了三十年,说起话来强势生硬。她告诉我这几十年来,她一直抽烟,指挥男人,嗓子都哑了。

她看了我一眼,笑了笑,接着说:"我不强势,只是太累了。这里让我放松下来。不管怎样,我本以为治疗应该是有效的,但它一直对我没有效果。只有你能帮我了。"

这是她在第一次治疗会谈时的开场白。

"我压力很大,"我笑了,"那我们开始吧。"

维罗妮卡还没意识到决定权在她的手里,不在我的手里。不过，她很快会在我们的会谈中了解到这一点。

维罗妮卡说她喜欢治疗，因为这里有人听她说话，倾诉的感觉很好。可是，她不喜欢一切没有任何改变。

她说："我的 ROI 指标不高。"

如你所知，ROI 表示投资回报率。这是从事金融工作的来访者都会提到的词语。他们谈论投资回报率、成本效益分析以及数据点。

维罗妮卡觉得这些年她在治疗上花了许多时间与金钱，但是，她得到的回报都是年复一年的老样子。她的治疗投资并没有产生她想要的结果。

"我想谈恋爱。我不想要孩子，但我想爱别人，也想得到别人的爱。"

我一听就知道维罗妮卡从来没有和治疗师谈过她的家庭。我支持不同的治疗模式和理论，事实上，我坚信适合所有人的单一治疗模式是不存在的。尽管如此，我认为治疗应该优先考虑家庭系统中的关系以及相关的原初故事。

我问道："我们花点儿时间谈一谈你的家人，可以吗？"

"当然可以。听你的。"

我是维罗妮卡最后的选择，所以，她已经准备好了，愿意尝试我提出的任何方式。我开始了解她的家庭情况，发现维罗妮卡的母亲在她五岁时就离家出走了。

我问她："你知道她离开的原因吗？"

"嗯，她一直不想要孩子。我妈只想自己过得好，不想承担任何责任，也不想被束缚和失去自由。周六早上，她收拾了一包东西就离开了，就和其他周六早上一样。一个女人把车开过来，按了按喇叭。她把我和姐姐拉过来，蹲下来对我们说：'我非常爱你们，但妈妈过得不好。'她的朋友开着车，她笑着挥了挥手。之后，我们再也没有见过她了。"

说到这件事的时候，维罗妮卡非常平静。她陷入我所说的"陈述事实"之中——描述了事情发生的细节，不带任何感情，也没有提到它的影响，陈述事实是一种不被情绪淹没的防御方式。维罗妮卡非常擅长讲故事。她在说话的时候风趣迷人，能引起别人的情绪，而自己不动声色。

维罗妮卡和朋友、同事、酒吧里的陌生人多次谈过自己的事。但是，她从来没有和治疗师聊过这些事。为什么？

"他们从来没问过。"她耸耸肩。

她没有错。他们没问，维罗妮卡也没提。她很聪明，她知道这是她故事中重要的部分，她只是不想深究。直至现在，她才愿意谈一谈。

一年多来，维罗妮卡在 Instagram 上一直关注我，了解我的治疗取向。她知道她要探索她的原生家庭，也知道这种治疗方式不只是宣泄。我们挽起袖子，开始一起工作。

母亲的离去，给维罗妮卡留下了没有价值的原初故事。

有时，价值感瞬间就被剥夺了；有时，价值感是通过一系列事件或信息慢慢磨灭的。在维罗妮卡的例子中，母亲的抛弃让她认为自己没有乖巧到能让母亲留下来。

和许多缺少价值感的人一样，维罗妮卡迫切地想找到一个能证明她价值的人。她想谈恋爱，但无法实现。她开始谈恋爱，但过几个月就分手了。很多事件会触发原初的价值感创伤，维罗妮卡可以逐一分析。她不相信别人会为她驻足；她认为自己不够优秀，不够有价值，也不够重要，没有人想和她在一起。她选择了她追不到的男人，或者她追到了，却想办法把他推开。

她告诉我她如何把数不清的杂事推给男友。我能理解她的做法。她让他们下车替她取干洗的衣物，预约清洁服务，预订机票，买好食物放进冰箱里。她把男友当作自己的手下。不过，在很长一段时间里，她都看不到问题出在了哪里。

在我们开始原生疗愈工作之前，维罗妮卡总是这样考验男友，最后他们都离她而去。她意识不到她一直在破坏自己的关系。维罗妮卡应该看一看她的过去是如何导致这种状况，让她陷入不健康的关系模式的，她还应该探索一下她的童年如何对她产生了重大的影响。

价值感创伤从何而来呢？正如瑞士精神病学家和精神分析学家卡尔·荣格所说："在你没有把无意识意识化之前，无意识主宰着你的生活，你却称之为命运。"你也必须深入其中，更清晰地看到你的童年。正如你所见，父母不可及、提供有条件的爱或者太过挑剔，都会导致孩子产生没有价值的感受。你的父母或生命中的重要他人表现出这些特质了吗？

不可及

你的父母不可及，这会对你产生影响。父母一方不可及的背后总有原因，但是，这会让你感到痛苦、困惑与孤独，通常导致价值感创伤的出现。家庭是我们想获得指导、关爱、联结与慰藉的地方。当然，相信"我是有价值的"最终是我们自己的事情，不过，当我们还是孩子的时候，我们的价值感与周围成年人对待我们的方式、与我们交谈的方式以及评价我们的方式有关。家庭是我们了解自身重要性、价值感、获得感的第一站。原生家庭对孩子价值感的建立与维持来说是至关重要的，家庭关系在形成孩子一生的幸福感上发挥着关键性的作用。

父母不可及的表现形式包括父母的言行不一致、父母缺席，甚至在极端情况下（像维罗妮卡一样）以抛弃的形式出现。

不一致是最常见的不可及形式之一。想一想那些发出混乱信息的父母。有时他们帮你写作业，有时他们批评你自己做不好作业；你的情绪很激动，有时父母对你说了支持性的话，有时告诉你要吸取教训或者自己解决；你犯错了或做了令他们不快的事，他们有时温和地与你讨论这件事，有时会批评你、挖苦你与惩罚你。研究表明，如果父母（尤其是母亲）在表扬、认可与关爱上的表现不一致，孩子可能会缺乏自尊，更容易出现抑郁。如果出现以下情况，你可能遇到过父母不一致的状态：

•你不知道父母会有哪种表现。父母是善良慈爱的，还是非常挑剔的；是活泼开朗的，还是愤怒激烈的。

•你无法预测父母的反应或后果。有时他们很宽容，有时他们非常严厉。

•你不确定他们会如何与你沟通。有时他们小心翼翼地和你说话，有时他们不在乎他们的话会对你产生怎样的影响。

•你不了解他们是否对你的生活感兴趣。有时他们对你的生活感兴趣，有时他们不感兴趣；有时他们有时间或精力陪伴你，有时他们没有时间。

如果父母不一致的情况太多，你会怀疑父母是否关爱你或重视你，同时你会质疑你的自我价值和重要性。

这里我需要提醒你，我所说的不是参加过孩子数百场足球赛、只错过几场的父母，也不是偶尔在家工作但在家的大多数时间都关心孩子的父母，我说的是那些不一致的情况太严重的父母，他们为你质疑自己的价值创造了条件。

不一致不是父母不可及唯一的表现形式。有时，父母完全缺席，提供不了物质支持与情感支持。缺席的父母可能由于工作原因一次离家几个月，可能罹患心理问题无法照料和养育孩子，可能组建新家庭并陪伴现任伴侣与他们所生的孩子，还可能只是不想被打扰。

无论是哪种原因，缺席的父母都会让你怀疑自己的价值。当然，他们缺席的原因可能是情有可原的。不过，请你站在孩子的角度思考一下。大多数孩子的情感还没有成熟到理解父母缺席或父母有苦衷的原因。相反，他们往往自行解读，尤其是当没有其他可解释的故事的时候。

在维罗妮卡的例子中，不可及的表现形式是抛弃。她的妈妈只留下一句"我过得不好"，就离开了她的爸爸、姐姐和她。

让妈妈过得不好的原因是什么？

在维罗妮卡看来，原因是她不够乖巧。

价值感创伤开始出现在她五岁的身体里，为她质疑自己的价值感奠定了基础。

"妈妈走了，我和姐姐哭了好几天。姐姐比我大两岁，我问她为什么妈妈走了。七岁的孩子能有什么解释呢。我们一直讨论这件事。我们翻了翻妈妈留下的东西，看能不能找到线索，但什么都没有。我们最后认为这一定是因为我们，没有其他解释。如果妈妈的生活不好，问题就出在她的孩子身上，对不对？我认为你很难反驳这个观点。"

她面露痛苦地坐着，承认自己的感受。之后，我对她说："你妈妈的婚姻不长久，你也会认为自己的婚姻不会长久。"

这不是一个疑问句，我已经知道答案了。

维罗妮卡也知道答案，但这是第一次别人直接对她说出来。

回顾你的童年，你发现父母出现过不可及的问题吗？当父母出现不一致、缺席或抛弃行为时，你有怎样的感受呢？

咱们一起试一试，好吗？

- 在我成长过程中不可及的人是_____。
- 我经历的不可及类型是_____（不一致、缺席、抛弃），我关于那段经历的记忆是_____。

你做得很棒。你开始进入原生疗愈的过程。父母不可及，可能不是你记得的唯一情况，父母可能以多种形式给孩子造成没有价值的创伤。

有条件的爱

我认为爱是无条件的，而关系是有条件的。这适用于婚恋关系、成年家庭关系以及朋友关系。不过，对孩子来说，无条件的爱尤为重要，特别是当他们的很多经历都是第一次的时候。无条件的爱可以区分孩子和孩子的行为，它会告诉孩子"你可以犯错误，可以搞砸事情，父母会失望，但父母依然会爱你、重视你"。

父母把撤回爱、拒绝沟通或不肯原谅作为惩罚，这可能是孩子最痛苦的心理体验之一。我父亲过去经常这样做。如果我很难管教（即我表现得像个幼儿或青少年）或者他不喜欢当时的状况，他就会大发雷霆，然后几天甚至几周不理我。这种惩罚形式很残忍。我当时不理解，现在能理解了。他的过度反应是由于他无法处理自身情绪以及我的情绪造成的结果。他不知道如何控制情绪，于是做出这样的反应。这是他的沟通方式，是他教育我的方式，也是他通过影响和控制达到目的的方式。我讨厌他的做法。我也不妥协，我用沉默反击，日复一日、周复一周和他对峙。谁先开口说话？我把它当作游戏。不过，这改变不了的事实是：我认为，如果我难以管教，他就会生气不理我。在我难以管教的时候，他确实如此。于是爱变得有条件了。

当我区分有条件的爱（产生价值感的创伤）和无条件的爱（孩子需要的爱）时，这不是说孩子的错误行为不该有后果。相反，我认为如有必要应该加强后果，同时向孩子保证父母仍然爱他。我当时需要的是，他对我说"我真不喜欢你那么做，这周末你不能和朋友玩了，但是我还爱你，等你想说的时候，我很乐意和你聊一聊"。

我爱你，我一直都在。这就是保证。我爱你，你对我很重要。

我爱你，我哪儿也不去。我爱你，你很安全。我爱你，我原谅你。无论你做什么，即使我因为你的行为惩罚你，我对你的爱都不会消失。我爱你。

我需要的不是他放过我，而是他设定后果，但保证他还爱我。不过，他的不一致让我产生了价值感创伤，这与我的价值感出现冲突——你不难管教，你就没事；你难以管教，你就面临着失去关系和爱的风险。

我和父亲相处的经历告诉我：如果我的行为得当，就能获得父亲的关爱、联结、沟通与陪伴，他愿意为我做事，给我做饭或者帮我做作业；不过，如果我越过一条看不见的线，这些东西就没了。

他这样的行为持续到我二十来岁。如果我是个"乖女孩"，当我每天从新泽西到纽约上班的时候，他乐意从杂货店里买东西给我或者去火车站接我。不过，如果我说了他不喜欢或伤害他的话，他就会惩罚我。我会晚上十点钟接到他的电话，他说我明天只能找别人六点钟捎我去火车站。是的，我有别的选择（我有一辆车，可以自己开车去，停在那里；我还可以打出租车），但当时我没多少钱，不过这不是重点。重点是他在惩罚我。重点是他用撤回爱的行为和我沟通。我知道如果我照他的话做，他会提供联结、陪伴、关爱和放松；如果我不这样做，这些都会消失。这让我明白了我在乖巧、随和时是有价值的，反之我是没有价值的。

- 在你的家庭中，与爱相关的条件是什么？
- 为了得到家人的关心或陪伴，你需要满足哪些条件？
- 为了得到家人的尊重和重视，你需要满足哪些条件？

有条件的爱剥夺了个体的被尊重感和价值感。批评同样是糟糕的，可能更令人沮丧。

有害的话语

对一些人来说，原初的价值感创伤是非常清晰的，不会被错认。有些父母的问题不是不可及或有条件的爱，而是直接对孩子说他们没有价值。父母告诉孩子他们将一事无成，他们不应该出生，他们的存在就是错误，或者他们没有用，不配成为人。这是虐待行为。这些话应该被禁止。这些话是伤人的、有害的、破坏性的。在后续的章节中，我们将继续讨论虐待的问题，但重要的一点是你要认识到，有人直接对你说"你没有价值"，这会造成价值感创伤。

有时，它会反复出现，以多种方式造成伤害；有时，它出现在一次激烈的怒火中；有时，它是以羞耻与评价的方式出现的。父母与我们的谈话方式与内容透露出许多关于他们自己的信息……但是，当我们年幼的时候，他们的话语告诉我们的是关于我们的信息。

直到母亲离开后,维罗妮卡才充分体会到父亲言语的刻薄。一开始,她爸爸拿她与姐姐卡罗尔做比较。在被母亲抛弃之后,维罗妮卡在学业及其他方面都遇到了困难。她父亲的反应是生气地指责她为什么不能和姐姐一样。他会说:"你为什么不能像她一样努力学习呢?""如果你多学一学卡罗尔,我就省心多了。"

他的话语着实伤人。维罗妮卡在学校的表现不好,她父亲非但没有安慰她,反而更严厉地批评她。

"妈妈才抛下我们,他的批评简直让我崩溃了。他只会说'学一学你姐姐'。除此之外,他还会说什么?'我会更爱你'?学一学我姐姐,他就承认我妈妈离开了?学一学我姐姐,我妈妈就能回来吗?"维罗妮卡的声音哽咽了。她闭着眼哭了起来。除了母亲抛弃她的事实,父亲伤人的话语让她继续怀疑自己的价值。即使我爸爸还在我身边,我仍然得不到他的爱。

并非所有伤人的话语都透着明显的恶意。有时,它们更加巧妙。玛雅的家人很支持她,但她妈妈有身材焦虑的问题,一直告诫她绝不要让自己的体重比理想体重多五磅。她的妈妈说:"不能太重了。"说完,她会接着说:"尽管你很胖,但我爱你。"

噢,出现"尽管"这个词。它很伤人,不是吗?玛雅一直不满意她的身材。我不减肥,就没人要了;我不减肥,没有人会觉得我有魅力;我不减肥,就不配谈恋爱。这些是她母亲几十年前留给她的看似巧妙、实际不巧妙的评价所传递的信息。

回顾你的童年，父母的哪些话一直影响着你呢？也许他们现在还说着同样的话，就像玛雅的母亲一样仍然会说她胖。或许他们的话只说过一次，却永远留在了你的脑海里。我知道一句尖刻的话如何在以后几十年里仍然影响着人们的自我价值感。

我的来访者特雷弗告诉我，在和女生约会之前，他首先要和她们成为好朋友。原因是如果她们先了解他，他的身高就不是问题了。这源于他五年级时暗恋的女孩随口说的一句话。在一次聚会上，她说："你再高点儿就好了。"这句话让他在很长的一段时间里都怀疑自己的价值。

我知道想起那些伤人的批评令人不快。不过，我们一直忘不了这些话，而且，我们必须承认它们带来的影响。

在成长过程中，谁说过的话最伤人？_____。

同样，你可能注意到当你说出上面的名字时，你身体的感觉发生了变化。它是一个信号，告诉你，你可以做得到的。

这些话很伤人，因为_____。

你还记得"棍棒和石头可以打断我的骨头，而言语永远伤不了我"那首童谣吗？这简直是胡说八道。这是一大堆伪装成坚强的谎言。言语会伤人，人们会用言语伤人，你要承认言语会伤害你。

探究价值感创伤的起源可不是一件容易的事。识别为什么你认为自己没有价值，会使你产生强烈的情绪。你也许第一次发现了某个原因，或者想起你已经知道的原因。不管是哪种情况，你都可以找到应对创伤的方法。

应对价值感创伤

如果孩子的价值感受到威胁或质疑，孩子可能会出现不同的反应方式。一些人将成为完美主义者，另一些人将讨好他人或者尽量变得有用，以显示他们是有价值的。一些人关注业绩和成就，认为如果他们做得好，他们就值得别人的关注、肯定和赞许。他们会尽其所能地让父母高兴，认为父母快乐就等于孩子有价值。

一些人在离开原生家庭之后，仍然持有这样的观念。他们看上去很完美，乐于助人，表现出色，让他人喜爱，这样做的目的是使他们相信自己值得拥有美好的事物、喜爱、关注、联结与亲密。还有一些人可能经过尝试，最终接受自己是没有价值的。

几年前，在我主持的那次活动上，房间里坐满了有价值感创伤的人。但是，他们或许代表着每个人：你的爱人、你的朋友、你的同事、你的父母、你的老板。你不用费力，就能找到有价值感创伤的人，找到自我感觉不太好的人。

如果你小时候努力做到完美、做事能干、努力上进或者讨好他人，我想告诉你我看到了你有多么努力。当然，你做到了。当然，你竭尽全力了，你竭尽所能维护自己的价值感：你加班工作是为了维护你的价值感，你努力尝试为自己铺设安全自信的道路，或许你也承认你为维护价值感所做的努力。

把手放在心口上。试一试，你能承认你为保护自己所付出的努力吗？你能对自己取得的成绩表示感谢吗？

"谢谢你_____。我感激你付出的努力，原因是_____。"

重要的是，你要从自我批评转变为自我感谢。不过，这往往没那么简单。你需要做出更多的改变，这样，你原有的模式不再像以前那样为你服务了。可是，我们习得的生存方式曾经对我们是极其重要的；如果可以，我们应该带着尊重、感激与赞扬承认它的作用。

治愈价值感创伤

改变是我们必须做的工作，但这不太容易。在很长一段时间里，维罗妮卡都看不到她在这段糟糕的关系中所起的作用。她总是指责别人。男友不够关心她，不够积极，也不够爱她。我们需要转变她的受害者心态,这样她才能看到自己的作用。如果不这样做,她会继续重塑这样的互动模式,不断指责别人。

随着我和维罗妮卡关系的不断加深,她对我更加信任,我可以帮助她更仔细地审视她的价值感创伤。我温和地说:"我认为你是故意不让别人选择你的,维罗妮卡。"我知道她很难理解这一点。"他们不想成为你的帮手,想成为你的男友;他们想了解你,不想替你应付数不清的杂事。"

维罗妮卡开始明白她是如何把别人推开的。她不让别人了解她,因为他们不听她的,她的反应就很强烈。"你为什么不能帮帮我?难道我不值得你优先做这件事吗?难道我不值得你按我说的做吗?"她会质问男友。

维罗妮卡绝对是有价值的,你也是一样。你值得别人的喜爱、联结、陪伴、关注、安全感,等等。你是值得的。但是,你不能随心所欲,认为一段关系会自然出现。当我们进入维罗妮卡的原初故事,她看到了她的价值感创伤是如何破坏她的关系的。她正在学习不推开别人,期待对方能留下来。她不能再考验别人了,并且要学会设定界限和建立规则。否则,她还会继续失恋,证明她没有价值的故事是真的。

维罗妮卡的治疗需要她了解她的受害者心态。她必须与它设定界限,并且继续增强"我是有价值的"的信念。只要她能意识到"告诫自己不能成功"的自我部分,她就会拥有一段成功的恋情。

维罗妮卡不会选择她追不到的男人,也不会想办法回避与她追得上的男人交往并建立亲密关系,她会一步步向对方敞开心扉。当她想给男友安排新家务或者其他事务时,她会提醒自己这是价值感创伤正在起作用。维罗妮卡正在尽力做到这一点,而这样做是值得的。它有惊人的投资回报率。

原生疗愈实践:步骤

我认为在疗愈之旅中有四个关键性步骤,我将带你实践这四个步骤,我称之为原生疗愈实践。这个治疗框架是以大量促使改变发生的治疗理论为基础的,对我和我的许多来访者来说都很有效。这四个步骤包括:给创伤命名、见证并尊重创伤、哀伤失去的真实自我,以及当创伤开始愈合的时候,转向新的行为与选择。

在我详细解释这四个步骤之后,你就可以自己进行原生疗愈实践了。在第二部分中,我们将针对每类创伤进行四步法练习,你将深入了解最能引起你共鸣的内容。你如何练习是个人的选择,不存在唯一"正确"的方法。一开始,练习的过程并不容易。尽你所能吧。你要反复进行练习,你可能会发现自己的感觉比往常更为强烈。你可能更有意识地处理你的记忆与情绪。坚持下去。如果你进行原生疗愈实践,你将会看到许多改变、成长和疗愈的机会。

命名

如果你不承认自己的创伤，它就很难得到治疗。如果你弄错自己的创伤，你可能走上错误的治疗之路。别人的故事和你的故事相似，但他们的原初创伤可能与你的原初创伤并不相同。我知道这很棘手，但这就是为什么你要花时间探索自己的故事、注意其中的细节、找出创伤处，从而得到治疗的原因。这就是为什么我总说"准确命名——不偏不倚"。这是勇敢的第一步。你需要鼓起勇气，如实地命名自己的创伤。

你可能还记得第一章中出现的娜塔莎，她很难说出父亲的不忠——同样具有挑战性的是，父亲隐秘地期待她也参与背叛的行为。维罗妮卡在以前的治疗中为了掩饰价值感创伤，从未提过自己的家庭。你还可能觉得命名创伤的想法（承认你的创伤源于父母或看护者的不可及、有条件的爱或有害的话语）让你感到冒险。这一步骤要求你直面那些对你有影响的经历，并且需要你坦诚面对，不要夸大、弱化、漠视或歪曲你的故事。慢慢来，命名曾经的创伤是很重要的。如果你不正视过去，未察觉的创伤可能会主导你的人生。我肯定你将遇到这种情况。

我能得到见证吗？

"被见证"是人生中最深刻的体验之一。即便如此，我们要定义一下它在治疗中的含义。被见证是指你（是的，你可以见证自己的故事）或他人通过见证你的痛苦以及影响你的事情，从而尊重你的故事。你被听到、被看见、被承认。

毫不夸张地说，见证你的经历可以改变你的生活轨迹。只是承认你的经历，就可以帮你摆脱原有的行为模式，不要低估它的力量。见证意味着通过看见、感受到、连接并亲身体验（或者仿佛是亲身体验）呈现过去或现在的创伤。

有时，真正被看见的力量是打破旧模式所需的力量。

我记得我第一次被现任丈夫看见时的感受（这一步甚至会让我激动得无法下笔）。我和一位家人打电话，她听到我说的话后急着为自己辩解。在过去的几十年里，这一幕屡次上演，我感到疲惫不堪。我受伤的部分一直想让对方倾听我，理解我受过的伤害，承担她应该承担的责任。我的尝试以惨淡失败告终，每一次失败，我会感到更受伤。

当天晚上，康纳在家，我在这段紧张沮丧的谈话中碰巧开了免提键。他坐在那里，听到了我们的对话。谈话的过程一如既往，但接下来发生的事如此治愈，让我放下了某些心事。

我挂了电话，康纳开始和我交谈。他讲了他听到的内容。令我难以置信的是，他和我有同样的经历。他从谈话中听到我说了同样的话，他认可了我的感受和挫折。他不仅见证了当下的我，也见证了之前的我。几十年以来，我和这个家人反复争吵同样的事情。但是，在这一刻，我的内在小孩被看见了，成年的我也被看见了。

不知为何，虽然我和家人的关系没有任何改变，但我不再感到孤独了。我不再需要他们理解我的观点，有人理解就足够了。这一刻让我摆脱了几十年来不健康的模式。

花点儿时间思考这一观点。见证不需要依赖于个人。当然，我们渴望某个人能听到我们的心声，但从个人体验和专业经验来看，任何人的见证都能产生改变。

有时，那个造成伤害的人能听到你真实的感受；有时，爱人能听到你的感受；有时，朋友能听到你的感受；有时，你可以听到自己的心声。而且，就像我曾经举办过的所有活动一样，陌生人也能听到你的感受。勇敢的人们聚在一起，这些人素未谋面，从未在活动以外的地方聚在一起，但他们见证了彼此，走上了改变生活的治愈之路。

当我发现自己重新陷入旧模式的时候，我知道我又需要被见证了。事实上，治愈是无法一蹴而就的。实际上，这很难一次解决。在这些被激活的时刻，我会向丈夫求助，向好朋友求助，或向自己求助。

给哀伤留出空间

一提到哀伤，多数人会想到失去所爱的人。在原生疗愈实践中，哀伤的过程是对你失去的自我部分所做的回应——失去了在创伤与痛苦出现之前的真实自己。这并不是你哀伤的全部内容。许多人还必须放弃应对创伤的旧方式，这些旧方式让我们远离自己，错误地对待自己。你应对创伤的方式可能是折腾自己的身体，可能是与不喜欢的人发生性关系，可能是批评自己，反复难为自己。你通过哀伤，摆脱了那些适应不良的应对策略。

见证与哀伤都是释放情绪的过程。当你或他人见证了你，你会感到如释重负。这就像是阀门打开了，尘封的东西突然流淌出来。你从保护模式转为更开放、更动态的模式。

当阀门关闭时，我们往往保护自己。身体出现紧绷的感觉，在这种情形下，我们很难充分感受到自己的情绪，情绪要么被否认，要么被压抑。

在这种情况下，哀伤是一旦你被见证，你就会产生各种感受，像阀门打开，允许你接触并感受它。我敢说你已经期待这么做了——一旦你为这些感受留出空间，它们将会蜂拥而至！这是正常的，也是意料之中的。当你面对哀伤时，不存在绝对正确的应对方式，也不存在适当的速度。你只要知道你最终要摸索出自己的应对方式。你不要回避自己的应对方式，也不要否定自己的应对方式，更不要压抑自己的应对方式，它会指引你第一次来到这里。你必须体会自己的感受，我的朋友。

记住，你身上被拿走的东西不会永远消失。你可以找回自己的价值、归属、优先级、安全感和信任。你也可以找回你的价值感，找回有趣、轻松与愉快的感觉。

转向新方式

我的运动员特质让我感到"转向"这个词恰当地描述了这一步骤。转向是快速地改变方向。如果你在运动场或球场上迅速转向，你的对手不知道将要发生什么。你不健康的模式就像良好的防守一样，能预测你下一步的行动。而你的任务就是做出改变。这些不健康的模式源于你的一致性，因此，如果你想改变，就需要变得不一致，至少要能和更健康、更适合你的模式保持一致。

这项任务需要你的意识参与。这是你开始选择改变之路的地方。在康纳见证了我之后，很多时候我需要见证自己、花大量时间哀伤。正如我之前提到的那样，这让我意识到我不需要再以同样的方式与家人交往了。这一意识并不是转向本身，转向是每次我不再参与旧模式。每当旧模式试图发挥作用，而我不参与其中的时候，转向就会发生。

转向是对自我的重新承诺。它说，我看到你，我尊重你。有了足够的见证和哀伤，转向才可能出现。不然，你很难转向。这就是为什么你殚精竭虑、瞄准目标、反复自我告诫，却仍然与同样的人或不同的人跳着同样的舞。如果你在做出改变时遇到了困难，这意味着你还没有得到足够的见证和哀伤。你的系统不允许你在没有识别它、见证它、感受它的情况下从痛苦中走出来。它的目的不是折磨你，而是尊重你的痛苦和创伤。

我可以非常肯定地告诉你，一旦你能准确命名创伤，你就会感到解放和自由。我想起了我最喜欢的伊扬拉·万赞特的一句话："当你盯着它的眼睛，承认它的存在，准确称呼它的名字，并决定它将在你的生活中所扮演的角色时，亲爱的，你已经迈出了通往自由的第一步。"你正在努力，我的朋友。你向自由迈出了第一步。

开始

如果你准备进一步进行原生疗愈实践，我建议你为自己留出一些时间和隐私。同样，这一实践针对的是有价值感创伤的人。如果你没有价值感创伤，请直接跳到下一章，识别你是否存在归属感创伤。第二部分的每一章都有针对特定创伤的原生疗愈实践，因此，请根据自己的创伤，进行相应的疗愈实践。

疗愈的过程是非常神圣的经历。它可以使我们产生身临其境的感觉。我通常鼓励你放好枕头，用毯子把自己裹起来，或者坐在冥想垫上，点燃一支蜡烛。是的，你正在营造疗愈的氛围。

你觉得怎么安全怎么来。我喜欢闭上眼睛，这样我就能专注于当下，这对我来说是有效的。不过，一些人更愿意睁开眼睛，原因是这让他们感到更安全。这样，他们知道自己的周围没有别人，还可以看到周围发生的事情。这没有对错之分，你只需遵循自己的意愿。你或许愿意与你的治疗师一起进行。视情况而定。如果你正在经历创伤，一定照顾好自己。你可以让治疗师指引你、支持你，帮你形成安全的空间。

现在开始：

命名。聚焦在你记得质疑自己价值的第一时刻。在这一空间里，你要慢慢来。看一看你是否能想起第一次的细节。你在哪里？和谁在一起？你多大了？你穿着什么？谁说了让你质疑自己价值的话？尽可能注意到细节。

见证。更加关注自己，关注你所见证的年幼的你（而不是此时此刻做练习的你）。就像你在看录像里的自己一样，我希望你注意到你在那一刻的感觉。维罗妮卡在做这一练习时看到了她妈妈告诉五岁的她"我要离开了"，看到了自己看着妈妈上车走了。维罗妮卡看着年幼的自己经历了那一幕，开始同情当时的她，在经历过这一事件之后，她开始质疑自己的价值。

哀伤。你开始有情绪。你能表达出来吗？你可能已经适应了这样的生活，年幼的你不得不忍受抛弃或有害的话语，或者为了讨好他人或得到关爱过着不真实的生活。你会为当时的自己感到心痛。同情年幼的自己，并且注意到你此刻想为他做些什么。你想抱一抱他吗？你想对他说"听到你的经历，我感到很难过"吗？你想把他抱起来，告诉他一切都会好起来吗？你觉得你必须采取哪些行动呢？只须留意自己的感受，让情绪自然发展。

你愿意在此刻停留多久就停留多久。如果你仍然闭着眼睛,在你回到房间之前再花一点儿时间。闭着眼睛,动一动手指尖,动一动脚趾,抻一抻肩膀。把你的手放在心口或肚子上,有意识地注意你的呼吸。思考你睁开眼睛后会看到什么。你还记得你在哪里吗?慢慢睁开你的眼睛,慢慢来。

你已经完成了重要的一步。哀伤不是一次性的,你可能需要反复回顾这一练习。当我有意识地注意我的哀伤,我往往会重复练习。我会留意到新的细节,找到我六岁或九岁时的新发现。每次我花时间探索过去,我的感受都是既熟悉又新奇的。我建议你也这样做。你想做几次就做几次,你可以一周之内每天进行练习,或者你可以只做一次,一年以后再做一次,五年以后再做一次。我为你感到骄傲。

转向。你能思考一下今天你的价值感创伤是如何发挥作用的吗?它出现在你的哪一段关系之中?你是讨好别人还是表现自己,还是通过隐藏或回避的方式使你不会产生没有价值的感受呢?你可以花点儿时间思考一下,如果你真的觉得自己有价值,会有哪些改变呢?如果你知道自己值得被爱,你会不做哪些行为呢?如果你感到自己是有价值的,你会以怎样的方式不再隐藏自己呢?转向需要你形成慢下来的习惯,花一点儿时间,想清楚下一步的方向。请试着补全这句话。

如果我认为我有价值，我将会改变的方式是_____。

如果你在感觉自己没有价值的关系中停止旧方式，将会发生怎样的改变呢？这一周，我想让你看一看是否有新方式代替旧方式的契机。只是留意即可，你不需要做什么。

你刚才完成了很重要的工作。请留意你可能体验到的脆弱或疼痛，照顾好自己。价值的建立不是一蹴而就的。就像你的原生疗愈实践一样，这将是一次次的自我肯定。我看到了你正在进行的实践，已经迫不及待想和你一起同行。

第 4 章　我想有归属感

每个孩子、每个人都渴望融入群体。我们既想做自己，也想成为某个群体的一部分。我们想有归属感。

如果家庭或群体不要求我们违背自己的真实性，我们会感到安全和受到尊重，美好的归属感就会出现。成为群体的一部分是非常重要的，也是很有价值的。

不幸的是，许多家庭和群体都有意或无意地期待你能调整自己以符合他们的期望，与他们保持一致。人们通常觉得为了融入群体，甚至为了融入家庭，他们必须牺牲真实的自己。要是无须争取就能获得归属感就好了。不过遗憾的是，我们的愿望不一定能实现，有时很难实现，有时可能永远实现不了。如果孩子觉得自己像局外人，那么，他们很可能成年以后仍然缺乏归属感。

归属感创伤的起源

"为什么我就遇不到想安定下来、过正常生活的男同性恋呢？"

尼尔带着一脸沮丧来到我的治疗室，顾不上关门，就陷入沙发里，头向后一靠。尼尔三十二岁，几个月之前从西弗吉尼亚州搬到纽约，一个月以前来我这里开始接受治疗。

"正常生活是指什么呢？"我问。

"嗯，你知道我的意思。就是他不要老参加派对，只想有一个伴侣，想在家里过夜，愿意承诺，不需要弥补多年没出柜的遗憾。"

尼尔又在外面狂欢了一晚。来到纽约之前，尼尔从未吸过毒，只是偶尔喝一喝酒。现在他感到自己失控了，想找我弄清楚到底发生了什么。

"聚会上有人让你感到紧张了吗？"我问。

"不，一点儿也没有。这才是要命的地方。我没有感到一点儿压力，我就做了我不愿意做的事情，只是因为有人给我毒品，而我周围的人都在吸毒。"

我问尼尔，他吸毒是不是为了融入其中并获得归属感。

他耸了耸肩，想了想。"这倒是个有趣的想法。"他说。

尼尔曾经渴望在纽约找到他在家乡没找到的东西：一个让他觉得正常的群体。不过，他很快就意识到即使是他在他所在的群体——男同性恋群体中，他仍然觉得自己像个局外人。尼尔想要承诺,想和价值观相似的人一起生活。可是,他遇到的是只想发生性关系的男人,而不是他心仪的男人。他很沮丧,直到我们开始讨论这件事,他才意识到自己曾经受到的影响。

尼尔有两个哥哥和两个妹妹。"我是落单的那个人,"他告诉我,"我不像哥哥那样热爱运动,我总让我爸失望。我不是他想要的儿子。我是知道的。我妈和两个妹妹是一伙的,她们也不欢迎我。"

尼尔的父母笃信宗教,在他们生活的小镇里,每个人都知根知底。尼尔必须把他的秘密隐藏起来。尼尔隐瞒了他是同性恋的事实。他瞒了家人十四年,瞒外人的时间更长。这些年来,尼尔尽力融入他的家庭。他试了父亲期待的运动(尽管他心里讨厌这些运动),总是特意谈论他迷恋的女孩。尼尔在很长一段时间里扮演直男的角色,但是,他从来没有觉得自己适合这个角色。

后来,他把他的性取向告诉了父母,他们的反应很糟糕。最坏的结果出现了,他们不仅不接受,还否定、指责,他们的内心充满了害怕与不安。

当家庭中出现分歧的时候,家人会做出各种不同的反应。尼尔父母的想法保守,当听到尼尔是同性恋的时候,他们完全无法接受。他们认为同性恋是错误的、糟糕的、罪恶的。他们的儿子是同性恋,这意味着他们做父母是失败的。他们非常害怕别人对他们指指点点,他们开始指责尼尔。

在他告诉父母的那天晚上,他无意中听到父母的谈话。"我记得那天晚上我妈哭了。我坐在他们卧室的门外,听他们说我。她和我爸说我毁了她的生活。之后几个月,我每晚都在哭,我不明白我是同性恋怎么会毁了她的生活。"

一切都变了,但本质上没有变。尼尔始终缺乏归属感。他的父母在家里开始忽视他,只和他谈论日常事务,他的兄妹也纷纷效仿。母亲明确地告诉他,他住在家里,就不能把这件事告诉任何人,周围的人不能知道。他是否"出柜"并不重要,重要的是他没办法融入自己的家庭。

他知道他的事情让父母感到震惊。"他们来自南方,他们非常虔诚。我知道他们理解不了我,但我从未想过他们会如此对待我。我本以为他们会难过,但是他们会理解我,仍然爱我。"从理性上说,他理解父母的困扰,但他非常伤心。父母怎么能不理自己的孩子,彻彻底底地排斥他呢?

每个人生来都是独特的。在健康的成长环境中,我们会学到"每个人都是不同的"这一事实。我们可以做自己,也可以成为群体中的一分子。

不过,有时我们所属的家庭系统不接受这些固有的差异。并且,一些父母不知道如何处理孩子与家庭的分歧。这通常意味着孩子至少在年幼时不得不向父母让步。

作为孩子,你对父母给予的信念没有发言权。适应环境是一条通用法则。没有归属的威胁通常会使人陷入困境,被迫在自我和群体之间做出选择。对孩子来说，选择自我是过于冒险的行为。我们更愿意加入某个群体。外部归属可以带来接纳、认可与愉悦，即使这只是你的错觉。难怪大多数人一开始就想着适应了。

尽管如此，你的不同之处可能给你带来烦恼。你可能小时候就不听话，或者长大后挑战父母的观念，或者成年后与父母逐渐疏远，又或者像尼尔一样能找到接纳你不同、允许你展现自己的群体或地方。不管是在童年时，还是在成年后才背离父母的观念与生活方式的，如果父母的包容性有限，你最终都会认为自己不受父母的认可。如果父母或家庭不能或没有给你留出足够的自主选择空间，你就会觉得真正的自己不被接受。孩子的生活方式与父母的生活方式发生冲突，且双方的差异无法调和时，最终的结果就是双方频繁发生冲突，孩子出现归属感创伤。

忽视与回避

有时，面对孩子的不同，家人的反应只是回避。成年人认为如果他们视而不见，这种情况就不存在——至少他们不用处理了。成年人这样做，有时是为了保护自己，有时是他们以为自己在保护孩子。

不过，正如我常说的，你无法回避你的治愈之路，也无法回避你的接纳与和解之路。如果你与他人不同，而你的家庭对你的差异的反应是忽视与回避，你就会出现归属感创伤。

我 2015 年遇到了崔西，她的故事一直让我难以忘怀。崔西生来就患有脑瘫，这影响到她的动作、肌肉张力和身体姿态。崔西一瘸一拐地走路，坐下与站立都比正常人困难得多。然而，崔西的家人从来不提她的脑瘫问题。"每当我问我得了什么病，他们都会说你没事。他们太希望我正常了，假装没有任何问题。他们完全忽视了我的脑瘫问题。"

这让崔西感到困扰。她知道自己和别人不同，但她的家人不想承认。同学每天都取笑她，但是她回家问父母，他们却说同学"刻薄"，她没有任何问题。崔西的父母保护崔西与他们自己的行为只会让崔西陷入更混乱的状态。临床医学心理学教授、《纽约时报》畅销书《背离亲缘》的作者安德鲁·所罗门提出了水平特质的概念（水平特质是指孩子身上的与父母不同的特征，比如身体残疾），以及这些特质如何被认为是需要纠正的缺陷，而不是被接纳与培养。

由于她的脑瘫问题，崔西感觉到自己与别人不一样，尽管家人并不想伤害她，但他们对此避而不谈，这严重加剧了她的创伤。崔西不仅需要父母能找到消除隔阂、找到面对他们恐惧与疑虑的方法，还需要父母和她一起，找到最适合自己的发展方向。她说："拥有这样的身体已经让我很难了，但是，你多次问他们，他们仍然不承认你的病和你的痛苦，这太伤人了。这一直困扰着我，我现在仍然努力想要和解。"

如果你真实的状态曾经被否定、忽视或回避，你就会知道你很容易质疑自己的体验与真实状态。久而久之，这会剥夺你的自我信任，使你变得犹豫不决、缺乏信心。从这个被弱化的状态开始，你可能改变自己以适应环境或者接受自己是个局外人。

你和你的家人有哪些不同之处吗？你和周围的人有哪些不同之处吗？你的父母或家庭系统中的任何人回避或忽视过你的不同之处吗？以什么方式呢？

我们一起探索，好吗？

我的不同之处是＿＿＿＿＿＿。
严重回避与忽视我的不同的人是＿＿＿＿＿＿。
如果他们承认这一点，＿＿＿＿＿＿，情况将会有所不同。

控制

与其他处理差异的方式相比，回避似乎是一种温和的策略。对于那些受到孩子差异的困扰而又无法接受孩子差异的父母来说，他们的备选方案往往是试图施加控制。他们害怕自己的信仰和生活方式受到质疑或挑战，如果首先界定了可接受的行为是什么以及不可接受的行为是什么，他们就没有犯错的风险。他们告诉别人如何做，自己则无须改变，这远远比"为他人创造空间、允许自己的生活和观念发生改变"容易得多。

卡尔是一名海军的儿子，他家经常搬家。他家有三个孩子，卡尔是家中的长子。当父亲在国外的时候，他是母亲的小帮手。后来，卡尔的父亲回家了，他的控制欲极强。父亲早晨设定了闹钟，孩子们必须按时起床，像军人一样整理床铺，上学前做几个小时的晨练。卡尔的父亲有自己的生活、信仰和行为的方式。他希望他所有的孩子都像他一样。

卡尔讨厌晨练。"我们没有报名参军，参军的是他。"卡尔告诉我。卡尔的想法与其他孩子不一样，他悄悄恳求母亲和父亲谈一谈，但她从来没有和父亲提过。他在一次治疗会谈中告诉我："我只能忍受，但我很痛苦。"

我问卡尔，他能不能把自己真实的感受告诉父亲。

"他会告诉我，我想什么不重要，我得像男子汉一样。"

许多家庭都有自己的一套规则和期望。我们通常很小就知道成为家庭中的一员意味着什么，以及我们需要做什么。我们可能会被教导要信奉哪种宗教，遵守哪些礼仪，如何穿着打扮，选择怎样的生活方式，以及我们的爱人应该是怎样的人。不管这些信息是否被说出来，它有时是压倒性的：遵守我们的规则行事，你就属于这里；如果你不这样做，你就可能被排斥在外。当我们的家庭期望有很强的控制力时，我们容易出现归属感创伤。

控制不只影响孩子，还是父母避免面对自己内疚、羞愧或尴尬的方式。控制是为了获得安全感。控制行为使他们避免面对自己的恐惧，即他们没有价值、不可爱或不够好。如果我替你选择、促使你、推动你或者说服你……那么我就可以避免自己恐惧了。如果我能让你听我的，我就永远不必屈服。这是控制者最大的错觉之一。

控制的习惯也会一代又一代传承下去。卡尔说他祖父的控制欲比他父亲的控制欲更强。当我们讨论父亲对待卡尔的方式源于祖父对待父亲的方式时，我看到卡尔有了更深刻的理解。他开始意识到他的父亲从小就在控制与痛苦之下长大，并把控制欲传承下去。

不过，理解对方不能改变卡尔的现实状况，也不能改变你的现实状况。它可以提供一些背景，但它无法改变控制对你产生的影响。如果你在父母的控制下长大，你可能感受不到自己是家庭中最重要的、有价值的、受尊重的人。

控制禁锢着你。它令人窒息，它竭力剥夺你的差异性。这是一种可怕的经历，难怪你最终选择屈服、反抗或者找到其他有创意的方式来释放自己。

在你和家庭系统存在差异的背景下，谁用控制的方式对待你的差异呢？让我们花点儿时间找一找你的差异性。你能说出来吗？

我的不同之处是_____。

从这里开始，我们探索一下：

对我的差异进行控制的人是＿＿＿＿＿＿。

他们控制我的方式是＿＿＿＿＿＿。

他们的控制使我感到＿＿＿＿＿＿。

狭隘和羞愧

狭隘是指个体不能或不想接纳与自己不同的观点、信念或生活方式。一般而言，父母希望给孩子最好的东西。他们想让孩子成功、健康、获得爱与归属。不过，当狭隘出现的时候，家庭完全拒绝新的不同的事物。

对尼尔来说，这意味着多年来父母难以维持与他的关系，因为接受他的性取向意味着抛弃他们长期的信仰。为了接受与关爱同性恋儿子，他的父母不得不更新他们对性取向的固化观点，这反过来挑战了他们核心的宗教信仰和政治信仰。

狭隘也可能表现为父母无法接受你爱上了信仰不同的人，或者父母没有办法接受你的政治、宗教、种族观念，由于这些差异的存在而排斥你。

当家庭成员持有固化不变的信仰时，他们经常会羞辱或排斥不同的个体。这与你无关，而与他们自己有关。你们之间的差异会给他们反映一些东西，往往会让他们自身的不安全感、怀疑与羞愧显现出来。这些动力如果被忽视，对个体以及家庭关系都是有害无益的。

羞愧是对差异性最具破坏性的反应。它让你相信你的问题严重到别人不会爱你。你自己感到羞愧已经够糟糕了，但是，当别人（尤其是那些你寻求爱、指导、培养和保护的重要他人）让你感到羞愧时，你会感到更加无力。

当我见到布里时，她的内心批评者是恶毒的。内心批评者是治疗师所说的你脑海中自我批评的声音。内心批评者总有许多话要说，且多数话是恶意的，不过，我常说内心批评者也有自己的原初故事——这个故事并不是从你对自己不友好开始的，而是从别人那里学到的，比如布里从她的母亲那里学到了羞愧。

父母离婚后，布里在基督教福音派的家庭氛围中长大。她的母亲在她最痛苦的日子里皈依了宗教，但她信奉宗教的方式是严苛的。布里的行为是大多数青少年的典型行为，但她的母亲无法接受。布里第一次买了一条丁字裤，她的母亲崩溃了。"她开始哭，说我没救了。我当时感觉有点不对劲，但我相信了她的话。我以为我很糟糕。我对自己的一切行为感到羞愧。我谈恋爱、参加毕业舞会、穿着打扮，她都会说我'变坏了'。这太令人窒息了。"

不断的羞愧让布里觉得她不属于这里。她不觉得自己有错，但她生命中最重要的人告诉她，她做错了。多年来，布里试图采取她母亲认可的生活方式，但最终她发现自己没办法讨好母亲。

由于布里在成长的过程中无法摆脱羞愧感，她把羞愧内化，成年后依然深受其害。当你不断评判、批评和羞辱自己时,你就无法找到真实的自己,获得归属感。

你的差异是如何被评判或羞辱的?你想一想这些评判或羞辱是如何形成自我批评的声音的?你可能已经知道自己的内心批评者,但你能找出它的原初故事吗?如果你接受你内心批评者并非始于你对自己的不友善,你能找出它是从哪里开始的吗?

我内心批评者经常说的话是＿＿＿＿＿＿＿＿＿＿＿。
我内心批评者的原初故事是＿＿＿＿＿＿＿＿＿＿＿。

社会系统的影响

由于不文明行为的增加,我们比以往任何时候更害怕和朋友、陌生人产生分歧。我们的社会比以往任何时候都更加两极分化。如果一个人的观念与邻居不一致,他就会害怕自己被排斥。顺从与服从比尊重真实的自己更容易。

并非所有的创伤都源于你的原生家庭,并非每个创伤都一定发生在你的童年。因此,在谈到归属感创伤时,你要看到社会、市场营销、社区与系统对我们施加的影响和压力。

环顾四周,你会发现市场营销总是利用你的不安全感。它利用了我们对差异的天然恐惧。社交媒体制造出完美的形象,歪曲了现实，让你把自己与他人更好的生活做比较。由于"害怕错过"，我们害怕只有自己没有别人拥有的体验。欧洲的审美标准强调肤色白皙、身材高挑纤瘦，美国的审美标准也是如此。直至现在，电视节目、电影、商业广告和杂志很少提及不同的文化、肤色、性取向的人，也很少涉及非传统的恋爱关系，这让众多的孩子和成年人很难在他们反复看到的角色、关系或职业中找到自己的影子。

没有人想成为异类。没有人想被排斥。没有人想成为局外人。可是，这正是许多人的真实感受。你在家庭、学校或者群体里会感到孤独。这就是许多人想方设法要找到归属感的原因。

语码转换是指一个人学习调整口音或方言，或改变自己的行为和外貌以适应环境。这在非白人群体里较为常见，他们感受到"向白人或主流靠拢"的压力。比如黑色或黄色肤色的孩子学习如何在以白人为主的社区或学校中生存，同性恋者如何表现得像异性恋者，性别模糊者如何在男女性别系统下生存，或者靠全额奖学金就读私立学校的孩子掩饰显著的阶层差异。

在我见到瓦妮莎时，我们的见面让她松了一口气。她想从一场糟糕的分手中走出来，她是单亲妈妈，还要承受感情结束的痛苦，这对她来说太糟了。她的前男友是个运动员，比她的岁数小很多。当她的朋友与家人谈及她的前男友时总会说"我早告诉过你"。她不想听到这样的话，这让她感到尴尬和羞愧。

"好的，我知道。"她脱口而出，预料到我会对他们的年龄差异有一些看法。不过,她透露出自己的看法。瓦妮莎是独生女。她的母亲是白人,父亲是黑人。她的父亲在她很小的时候就去世了。瓦妮莎在白人社区里长大,在白人学校上学。她有很多朋友,很享受自己的童年时光。不过,显然她为了融入,觉得自己需要变得更像白人。这意味着要有特定的穿衣风格、特定的发型、特定的说话方式。从小学到高中再到大学,她都强调自己的白人血统,以获得归属感。另一方面,瓦妮莎的黑人血统必须被淡化,有时甚至要被抹去。沃克·S.卡洛斯·波斯顿博士提出的双种族身份发展理论(或可称为"混血身份发展理论"),解释了具有双种族或多种族血统的个体在选择单一种族或民族身份时感到的压力。他坚持认为这一选择在很大程度上受到群体的相对地位、父母意见、文化知识和外表的影响。瓦妮莎的父亲告诉她黑人的历史,像镜子一样反映她具有与其他家人不同的那一部分。在父亲去世之后,她感到自己离黑人血统越来越远了。直到最近,她才明白这一重大的失去在她生命中的意义。

她一直在寻找归属感,而她找到的都是她不能适应的新环境,从她的肤色到单亲妈妈的身份,再到她和前男友在一起时,她与联盟里其他队员的女友或妻子的不同。她说其他人的妻子或女友体态优美,衣着打扮、发型妆容都"和她不一样",她的身材像个运动员。她的自我评价总是强调她是个局外人。在白人家庭中、白人朋友之间、与她母亲关系密切的白人社区里,她总像个局外人。

在瓦妮莎搬到纽约之后，她开始用别人的眼光看待自己。别人看起来和她一样，她和别人看起来一样。这令她耳目一新，感受到久违的乐观情绪，至少找到了自己所在的群体。不过，她的朋友仍然觉得她是局外人：她不够黑，太浅的肤色像个混血儿。

这些话让她感到非常痛苦，强化了她的归属感创伤。在瓦妮莎的成长环境中，她的差异是显而易见的，但这些差异没有得到承认与尊重。在自身特质不被承认的时候，你就想找到自己被承认的办法。在瓦妮莎看来，这意味着她要变得更像白人。然而，当她想展现真实的自己时，她仍然很难融入其中。

她与你一样，受到了社会系统的影响。它在我们所有人身上撒下了一张巨大的网。不过，问题是"它是如何影响的"。一些影响方式是显而易见的，而另一些影响方式是非常隐蔽的；一些影响方式可能永远存在，而另一些影响方式只出现在特定的时刻。我想让你思考一下：媒体与社会如何加剧了你没有归属感的恐惧？你如何感到自己被异化、被排斥？你和别人的差异大到你得想办法生存下去吗？思考下列提示：

我在成长过程中遵循的方式是_____。
我对_____感到压力，因为我_____。
我需要融入进去，因为_____。
我至今使用的方式是_____。

探索归属感创伤的起源不是一件容易的事。识别你试图融入他人的方式可能会引发你的情绪。看到你用真实换取归属感的方式，可能会激活你内在的某些东西。让这种情绪激励你，你不必继续用真实换取归属感。这就是这项工作的美妙之处，你可以选择一条新的前进道路。

应对归属感创伤

真正的归属意味着真实（而不是顺从）占主导地位。正如伟大的玛雅·安吉洛所说："你意识到自己既不囿于一隅又处处怡然，你才会获得真正的自由。"这是一种深刻的领悟。你属于自己，意味着你内心平和，既可以融入，也可以自处。你的内心容纳百川，无处不可及。做真实的自己，意味着你没有什么可失去的东西，你用不同的方式应对评判、羞愧、拒绝与否认。

不过，很少有人能直接从归属感创伤中走出来，接纳真实的自己。生活要能如此简单就好了。我们往往首先选择了更有伤害性的方式。在通过做真实的自己找到归属感之前，我们可能先走上适应或拒绝的道路。

适应之路

大多数人敏锐地意识到自己与他人间的差异后，首先选择的是适应。这样做，你就将会有归属感。适应不会破坏现状，能满足你儿时的渴望：来自周围人的认可。规则、结构与秩序有重要的价值，每个家庭都有自己的做事方式。从健康的角度来看，它促进了归属感的产生。不过，如果适应成为家庭的要求，适应会变得更加强烈。你形成了虚假的归属感：你是系统中的一部分，但只是因为你改变了真实的自己。这不是归属，而是适应。

在融入的过程中，出于对真实后果的恐惧，你适应了系统对你的要求：如果你不这样做，你就不属于这里。你可能害怕自己受到区别对待、忽视、看轻、贬低或惩罚。别人、社区或周围的环境可能由于你的不同而对你评头论足。你明白如果你不守规矩，你将被排斥。

为了融入其中，许多系统要求你适应。家庭可能要求你达到他们的完美标准，以成为家庭中的一员，比如特定的衣着、形象或者做一个乖小孩。他们可能要求你亲切随和，总是赞同别人，或者从来不讨论情绪或从不感到沮丧。为了获得认可、尊重或安全，文化系统可能要求你与多数人保持一致。

从融入的角度来说，适应是一条生存之路，但这不是最终的目的。真正的归属感需要疗愈与发展。

你是如何通过适应学会生存的呢？你可能会从家庭的角度思考这一问题，也可能会从整个社会的角度思考这一问题。你能看到过去的适应对你的积极作用吗？它现在是仍然对你有帮助，还是已经阻碍了你呢？你的答案没有对错之分。你只需要保持开放的心态，进行反思与观察。

拒绝之路

拒绝是指你有意或无意地选择了一条反对的道路，这通常发生在你做出适应行为之后。拒绝与其说是追求真实，不如说是不想被控制、支配或选择。它看似是你有自己的立场，但通常更多的是焦虑的反应或反叛，而不是切实表达你的真实性，最终让你更加被排斥在外。

你可能选择了非主流的衣着或行为方式，你的言行可能让你的家人感到尴尬，你可能在虔诚的宗教家庭中长大，却拒绝信仰宗教以及接受相应的价值观，最终成了不信教的人。不管怎样，你的拒绝行为通常让你觉得自己仍然是局外人、异类、没有归属的人。

你还记得本章开始提到的卡尔吗？在卡尔第一次接受治疗时，他的意图不是为了谈论控制欲强的父亲，而是他的身材问题。

"我一直都很胖，"他在一次治疗会谈中对我说，"我从不觉得自己有魅力，没有人会注意到我。我想相信我可以约会，相信有人会选择我，但我真的很难做到。"

我能感觉到这对他来说有多么痛苦。卡尔说所有的家人都很苗条，自己作为一个胖子有多么艰难。我当然能理解为什么这对他来说很难，但总觉得有些不对劲。我想更多了解一下军事化的晨练活动。

"在你上大学前的高中时期,你都和你的爸爸、兄弟姐妹一起晨练吗?"我问道。

"没有,"他回答,"我大概十二岁时就不练了。"

"怎么了?"我问道。

"我那时候开始长胖了。"他说,"我长胖了,没办法完成训练了。"

"我记得你说你一直都很胖。"我回应道。

"嗯,我想说的是我大部分时候都很胖。在我爸爸回家之前,我很瘦。"

这一细节是治疗过程中的重要开始。卡尔很快告诉我,他长胖了,完成不了他父亲要求的大部分训练。他的口头抗议是无效的,但他长胖后就不用晨练了。最后,卡尔胖得让父亲放弃了,再也不关注他了。卡尔想要结束军事化晨练的无意识行为获得了成功,但是,付出的代价是他的家庭归属感。他不想成为晨练团体中的一员,他的目的达到了;他想成为家庭的一员,但是他不再属于家庭了。有趣的是,无论你采取适应模式还是拒绝模式,你总觉得自己是局外人,或者至少你不能做真实的自己。

卡尔找到了一条拒绝之路——我们都承认这条路很有创意,但让他感到更加被排斥。卡尔开始意识到,归属感并不是想办法适应或拒绝控制欲强的父亲,而是想办法做真实的自己。

正如已故的婚姻与性治疗师大卫·施纳奇博士所建议的那样，我们的目标是真正的分化，即在与他人保持关系的同时坚持自己的能力。你坚持自己的立场与价值观，但你要采取冷静的方式，而不是反抗的方式。一旦你有了这种意识，你就不再需要用反抗和拒绝回击对方。

拒绝之路可能要比适应之路更难觉察，但我不希望你忽视这条会让你走向不真实的道路。当你反抗的时候，你的行为仍然是由你曾经忍受的回避、控制、羞愧和狭隘的痛苦所驱动的。

你能通过拒绝生存吗？拒绝如何帮助了你？现在依然如此吗？你目前打算怎么做？你对保护你或阻止你的因素感到好奇吗？

真实之路

真实的生活意味着你的选择、行动与你的核心信念、价值观、真实的自我是一致的。这意味着即使周围的人施加影响，你也会选择那一条路。我们将在第11章"坚持下去"中进一步探讨这一问题，但这里我想明确的是，当归属感创伤起作用时，你很难优先考虑真实的自己。大多数人在有机会尊重自己的真实性之前，已经做出了适应或拒绝的行为。

如果你还没有拥有过真实的生活，你会感到真实的生活是不舒服的。它会在很大程度上动摇你的系统，原因是这意味着那些不同意你的观点或没有真实生活的人无法控制或说服你，不能羞辱或评判你，他们狭隘的观点不能支配你的选择。嗯，这就是自由的体现。

当我见到尼尔时，他的生活并不真实。尽管别人没有给他施加压力，但是，他随波逐流、吸毒、性生活混乱不堪。为了尝到归属感的滋味，他背叛了自己。当他意识到自己的行为与归属感创伤有关时，尼尔做出了改变。他觉得家人抛弃了他，他通过自毁行为抛弃了自己，从而加剧了自己被抛弃的感受。尼尔想融入群体，但不能以他的健康与价值观为代价。他想获得归属感，但他意识到如果他不做真实的自己，就永远没有归属感。

治愈归属感创伤

在我和尼尔的治疗工作中，尼尔的真实性成为他优先考虑的事情。尼尔外出参加聚会，心里想的却是找到一个感情专一、渴望平静家庭生活的恋人，这时，他的系统开始混乱了。他必须过上自己想要的生活，这样他的价值观、选择和结果才会一致。如果你所说的愿望和你的行为彼此冲突，你的系统就很难相信你所说的话。

虽然尼尔很少回到西弗吉尼亚州，但是，他在那里度假时展现了真实的生活，而不是遮遮掩掩。这源于他根深蒂固的信念：他不想让家人难堪，也不想惩罚家人。他只是让别人面对他们需要和解的事情。他在学习如何归属于自己，成为自己。

真正的归属没有任何傲慢与过度反应的迹象，正如布琳·布朗所说，它不是被动的。"（真正的归属感）让我们可以脆弱、有不舒服的感受，学会如何在不牺牲自我的情况下与他人相处。"

瓦妮莎抛弃了通过适应行为而获得的虚假归属感，找到了一条真实之路。

她会惊呼："没人愿意和带着小孩的女人约会。"接着又说："我当了好几年全职妈妈，谁会雇用我呢？"这些说法让她不去约会，不去应聘工作，不去搬家，甚至不和别人分享自己的感受。她无意识地接受了没有归属感的状态。当我观察到这一点时，她立刻变得好奇起来。

她问我："可是我为什么要那么做呢？"

我回答："这对你有帮助，不是吗？"

她有些困惑地看着我。我能看到她在迅速地思考——如果它不好，为什么会帮助我呢？但是，她突然想到"它会治愈我受伤的部分吗？它会一遍又一遍证明我的原初创伤吗？当我那么做的时候，我只要保持一致——我从不需要创造改变。"

瓦妮莎逐渐明白了，真正的归属感会让她改变一切。做真实的自己是既明确又困难的任务。她必须弄清楚自己想去哪里，她认为什么是重要的，激励与推动她的是什么，并且她不能让恐惧和归属感的缺失主宰了她的生活。这意味着她要找到内心的宁静，而不是向外寻求平静；这意味着她要展现真实的自己，拥抱自己，消除那些妨碍个人追求的恐惧。

生活不一定如她内心所想一样。不过，如果她一直证明虚假的故事是正确的，生活就永远不会朝着她所想的方向发展。为真实性、勇敢与信仰创造空间，这让她走上一条寻找人生方向的路。只要她接受真实性的指引，她随时可以获得归属感。

如果你现在审视一下自己的生活，你能否看到自己的选择、行动与你的核心信念、价值观、真实自我在哪些方面是一致的，在哪些方面又是不一致的呢？请温柔诚实地对待自己。如果你活得真实，将会发生哪些改变呢？

- 在我的成长过程中，我为他人背弃自己的方式是_____。
- 我现在仍然为他人背弃自己的方式是_____。

归属感之战从来不是轻而易举的。不过，瓦妮莎、卡尔、尼尔、崔西和布里越是探索自己的原初故事，越是留意、见证并哀伤他们的归属感创伤、转向新的方向，旧模式对他们的禁锢就越少。当然，结局不一定完美。瓦妮莎会发现她出现困扰的次数比她预想的更多；卡尔仍然无法相信别人会觉得他有魅力；尼尔还要花很长时间才能找到志趣相投的伴侣；布里发现她仍然会羞辱自己；崔西仍然很难相信自己，特别是在别人否认脑瘫问题或质疑她的时候。不过，尼尔不再假装，他想拒绝的时候就能拒绝；卡尔改变了他与身材的关系，看到了一条能获得归属感但不需要被控制的道路；瓦妮莎开始改变她的生活，开始找到自己的归属感；布里越来越注意到自己的内心批评者，能关怀自己与安慰自己；崔西的自信巩固了自己的关系。这是一项长期的工作，他们必须反复进行。当这项工作成为他们的日常工作时，他们的疗愈开始了。

原生疗愈实践

我们需要继续深入下去。如果归属感创伤引起了你的共鸣，我们一起进行原生疗愈实践。

选择舒适的姿势。你可以躺着或者坐在椅子上。你可以睁开眼睛或闭上眼睛。确保你处于安全私密的环境里。请注意：如果你正在经历创伤，一定要照顾好自己。在你进行练习时，你可以找一个能指引你、支持你、帮你创造安全空间的人。

命名。你能回想起你第一次质疑自己归属感的时刻吗？只要注意到你第一次觉得自己是局外人的时候。你还记得那一天吗？你还记得当时你在哪里吗？你还记得谁让你质疑你的归属感吗？看一看你能说出多少细节。

见证。现在更加专注于自己。当你第一次体验到归属感创伤时，试着近距离看一看年轻时的自己。就像你在看录像里的自己一样，我希望你注意到你在那一刻的感觉。注意你的面部表情，注意你肢体语言的任何变化。开始让自己感受内在的小孩、年幼的你。

哀伤。你可能觉察到情绪开始浮现。你能表达出来吗？你可能已经适应了这样的生活。年幼的你不得不忍受归属感创伤，你会为当时的自己感到心痛。体会那个孩子的感受。你或许注意到你的适应行为带来的情绪，或者你的反抗行为带来的感受。注意到你此刻想为他做些什么。你想抱一抱他吗？你想对他说"听到你的经历，我感到很难过"吗？你想把他抱起来，告诉他一切都会好起来吗？你觉得你必须采取哪些行动呢？请留意自己的感受。

你愿意在此刻停留多久就停留多久。如果你仍然闭着眼睛，在你回到房间之前再花一点儿时间。闭着眼睛，动一动手指尖，动一动脚趾，抻一抻肩膀。把你的手放在心口或肚子上，有意识地注意你的呼吸。思考你睁开眼睛后会看到什么。你还记得你在哪里吗？慢慢睁开你的眼睛，慢慢来。

记住，你想做几次就做几次。你可以一周之内每天进行练习。或者你可以只做一次，一年以后再做一次，五年以后再做一次。我为你感到骄傲。

转向。最后，我希望你能花点儿时间思考一下你的归属感创伤现在是如何对你产生影响的。它以怎样的方式，出现在你的哪一段关系之中？你能补全这句话吗？

如果我允许自己过上真实的生活，如果我不为此感到恐惧，发生改变的将是_____。

这一周，我想让你看一看是否有新方式代替旧方式的契机。只是留意，你现在什么也不需要做。

同样，把手放在心口……你正在努力，花点儿时间承认自己所做的一切。

第 5 章　我想被优先考虑

孩子不会直接要求父母优先考虑他们，他们不会使用这些字眼。相反，他们央求父母和他们一起玩耍，一起外出或者给他们读书。这是他们为建立联结与希望被优先考虑做出的努力。如果他们使用自己的语言，他们可能会说"妈妈，别工作了""别看电视了"或"别打电话了"。这些让父母分心的事情是孩子的压力源，在最糟糕的情况下，它们会威胁到孩子的自我信念和存在价值。在以后的生活中，由长期分心的父母抚养长大的孩子可能有意识地寻找自己被优先考虑的关系。然而，在现实生活中，这些有创伤的成年人最终会无意识地寻找动力，而这些动力往往重复并支持他们几十年前从家庭那里获得的认识：他们不重要。

如果你在你的家庭系统中感觉不到自己被优先考虑，那么，你可能有优先级创伤。被优先考虑的孩子是需求被看到、理解与尊重的孩子。这不意味着你得到了你想要的一切，也不意味着你时时刻刻都是被关注的焦点。父母可以设定界限，可以拒绝你的要求，也可以尊重并优先考虑自己的生活，但它意味着你的父母了解你。他们倾听你的心声，关心你的状态，对你感兴趣，在意你，优先考虑你内心世界和外部环境的变化。有时，你可能不喜欢他们所做的决定，但是，你不会质疑你对他们的重要性。

你质疑自己的优先级，原因是你收到一些信息，你开始破解其中的含义，然后把它内化到自己的信念系统。有时，这些信息很明确，比如父母反复告诉你别打扰他们或者说"今天是星期天！别打扰你爸爸，他在看足球赛呢"。有时，这些信息很隐蔽，比如当你说话时父母不搭理你，或者父母总是吵架没空管你的作业，也没空带你看电影。优先级创伤让你质疑你在那些你在意的人心中的重要性和价值。

优先级创伤的起源

一对伴侣找我治疗，我经常扮演侦探的角色。这对伴侣在前几次会谈中讲了他们之间的冲突。他们经常想分享双方的争吵中所有的细节，向我证明自己的观点是对的。他们想知道我倾向于哪一方或者我认为争吵的严重程度。他们可能会问："我们的关系还有救吗？你见过像我们这样的伴侣吗？"

当然，一些细节是有价值的，但你很少听到完整的原初故事。他们展现的只是冰山一角。要想找到在这段关系中真正被激活的是什么，通常需要更深入的探究，这需要我们了解他们的家庭并揭开他们的原初创伤。

伊莎贝尔和乔瑟芬娜第一次来找我时，她们就像大多数刚开始治疗的伴侣一样，只顾着证明自己的观点，想找到快速解决问题的办法。在她们从西班牙搬到纽约两年之后，我遇到了她俩。她们都被自己心仪的研究生项目录取了。从朋友变成恋人，这通常容易形成融洽的恋爱关系，但伊莎贝尔和乔瑟芬娜的关系出现了问题，她们总是遇到无法解决的冲突。

她们一起进行了第一次治疗会谈，我立刻感觉到她们有些紧张。

"我们坐哪里呢？"伊莎贝尔问道。

我指了指沙发，让她们选择自己的位置。伊莎贝尔坐得离我更近。虽然乔瑟芬娜离得不太远，但伊莎贝尔直接坐在我面前。我注意到了她们的位置。

"欢迎你们的到来。我想知道你们今天为什么来到这里。"

果然，伊莎贝尔先开口了："我们最近总是吵架。去年一年都在吵。我们的恋爱没有任何进展。彼此的关系越来越疏远，这让我很害怕。乔一直说要分手，我不想分手，但我也不知道该怎么办。"

"你能说一说你们争吵的原因吗？"

"嗯，我总是埋怨乔。我们刚从西班牙搬到这里的时候，我们对这次冒险感到非常兴奋。我们都没有在别的地方生活过，所以，我们就像是一起旅行。我们第一年过得很好，我们住在一起，在研究生学习中结识新朋友，几乎形影不离。可是，现在她经常单独行动，这倒是还好，但她似乎不想让我在她身边。她晚上很晚才回来，我们几乎没有时间在一起，她也不怎么回复我的短信了。"

伊莎贝尔停顿了一会儿。在她说话的时候，我一直看着她，不过，我也留意着乔瑟芬娜，看一看她在听到对方观点时的表情或姿势。乔显得冷漠而又疏离。她坐在那里似乎很恼火。伊莎贝尔说话的时候，她会不时地翻白眼，恼怒地微微摇着头。我知道，她迟早会说出来，这将给我们带来更多的信息。

"乔瑟芬娜，我可以叫你乔吗？"我问。

"你怎么叫我都可以。熟悉的人会叫我乔，但我想你很快就会了解我，你现在就可以叫我乔。"

她有点情绪，但她的话也有邀请的意味，让我知道她愿意我了解她。

当我问乔她发生了怎样的改变时，她能清楚地表达出来。她承认伊莎贝尔曾经是她最好的朋友，她们在纽约生活的第一年里一切顺利。不过，乔很快开始觉得伊莎贝尔太黏人了。乔开始结交自己的朋友，外出时不带伊莎贝尔。伊莎贝尔仍然想黏在一起。乔觉得伊莎贝尔管着她，当她感到自己被伊莎贝尔所控制的时候，她承认事情变得糟糕起来。她们争吵，发现双方无法达成一致。乔明确表示除了恋情，她还要有自己的生活。为了自己的健康，她要有自己的空间。她有过一段相互依赖的恋情,不想再要这样的恋爱了。乔爱伊莎贝尔,但她觉得自己越来越疏远与封闭。

伊莎贝尔不止一次听乔这么说了。尽管这让她很难过,但她还是有些理解对方的。

我面前的这两位女士冒了极大的风险,为了追求相似的梦想,勇敢地去往她们都没去过的国家进行一次激动的旅行。当你经历重大转变时,你必然会对未来的生活有某种无法言说的期待和幻想。《不要再做好男人》一书的作者罗伯特·格洛弗博士将这些无法言说的假设称作隐秘的期望,即我们认为彼此在人际关系以及婚恋关系中存在心照不宣的共识。在我看来,伊莎贝尔和乔似乎在观点的碰撞与期望的危机中挣扎。

伊莎贝尔努力让自己在乔的生活中占据优先地位。她甚至怀疑自己对乔来说是否重要。这个想法让伊莎贝尔崩溃了,毕竟她们相爱了那么久。你想和你的爱人在一起,但对方不想和你在一起,这真令人痛苦。伊莎贝尔使尽浑身解数,想让乔优先考虑她,从百般乞求到假装若无其事,从下最后通牒到大发脾气。在我们的治疗中,每当乔谈到自己想要独立自由的时候,伊莎贝尔就很生气,激动地抨击乔。

伊莎贝尔在治疗会谈中的过度反应是一个良好的信号,说明还有更多未揭开的事情。你可能还记得第 2 章的内容,过度反应就像是指向你恐惧、不安和疑虑的信号灯。它让我们知道一些重要的事情在这一时刻之前就出现了，我们应该了解它。我们开始识别被激活的创伤。

在第二次会谈中，我问伊莎贝尔她在家庭中是不是被优先考虑的人。

"当然，我的家人非常爱我。"

我不太相信。当然，她也可能是在后来的生活中形成这一创伤的，但我感觉有人在她的小时候忽视过她。信号灯一直在闪烁：伊莎贝尔觉得乔不重视她，她不是第一次有这样的感受。

"你能谈一谈你的妈妈吗？我想知道你觉得她是怎样的人，作为妈妈的她对你怎么样。"

"她是个好妈妈。她全职照顾我和我的哥哥姐姐，我和她在一起很快乐。她很有趣，照顾人也很细心。每个人都喜欢我的妈妈，她是聚会上的主角。不过，她一度变得很悲伤。"

"发生了什么事？"我问。

"我七岁的时候，我的姨妈自杀了。我不知道当时发生了什么事，我只知道她死了，从那以后一切都变了。我妈妈患上了抑郁症，至今都没走出来。看到她这样，真是太难过了。她的生命好像被掏空了。她以前充满活力，后来她郁郁寡欢，几乎不会离开她的床和房间。我爸爸不得不承担起很多责任。他非常爱她，我们一起照顾她。"

乔看着伊莎贝尔。她以前听过伊莎贝尔说这件事，但这次她真的听进去了。

伊莎贝尔母亲的抑郁症成为家庭中的头等大事。这件事耗尽了全家的精力。当然，她的母亲不想这样——只是事情就这样发生了。他们知道她很难过，但无计可施。她的父亲善良诚实，尽了自己最大的努力。他打两份工，还负责做饭和打扫卫生，尽力照顾妻子。不过，至少可以说，他根本没办法处理好这一切。

我一下子明白了这件事对理解29岁生活在纽约的伊莎贝尔所经历的痛苦是多么重要。在伊莎贝尔生命的前七年中，她体验了快乐、联结、关爱，以及作为最小孩子的优先地位。她是家庭系统的中心，有疼爱她的父母和友善的哥哥姐姐。当然，在我问她的时候，她说她是家里最受优待的孩子。不过，她只说了她前几年的生活。

在她的姨妈去世之后，一切都变了。她不仅不再是中心，还被忽视了。伊莎贝尔告诉我："除了我，我爸爸不知道还能获得谁的帮助。我认为他感到很羞愧，想要保护我的妈妈，所以，他不想让任何人看到她的样子。"

我和乔听懂了。他没有任何恶意。这件事情的打击太大，严重影响到整个家庭，以至于七岁的伊莎贝尔不再是父母生活中的中心——即使他们不希望如此。

这件事为伊莎贝尔的优先级创伤埋下了隐患。母亲的心理健康成为她和父亲生活中的首要任务。她帮助父亲做饭，打扫卫生，照顾母亲。她经常听父亲说:"你能去鼓励一下你妈妈吗?我觉得她可能想让你陪她。"当然,这是事实,伊莎贝尔的鼓励对她的妈妈很有帮助。不过,伊莎贝尔承担了做饭、打扫卫生和鼓励妈妈的重任,而她没有办法做个小女孩,她在身体、情感和体验方面的发展需求得不到满足,这也是事实。

伊莎贝尔从来没有从这个角度思考过她的生活与家庭。更令她震惊的是,她意识到她与乔的关系中的强烈变化与她的家庭关系是非常相似的。她开始处于优先地位,之后情况发生了剧烈变化,她的需求不再被优先考虑。

我看到乔的态度有些软化。她松开胳膊,垂下肩膀。这些信号并没有改变她不想被控制的事实,但是,她现在可以从新的视角看待伊莎贝尔了,这个新视角让她更加理解伊莎贝尔。

伊莎贝尔从未意识到她不是家庭中的中心。她曾经拥有美好的家庭生活,所以她觉得这样看待她的家庭是不公平的。她理解父母没空管她,他们已经竭尽所能地应对生活了。她更喜欢以前的生活。她喜欢讲的家庭故事是她想记住并与他人分享的版本。母亲患抑郁症后的生活是那么痛苦,所以,她选择回避谈论它,不想回忆它,直到开始治疗,她才了解它的持久影响。

识别优先级创伤不是一件让伊莎贝尔感到兴奋的事情,特别是这把她过去的故事变得不太愉快。不过,为了弄清未治愈的原初创伤是如何导致她和乔的关系渐行渐远的,这一步骤是非常必要的。

我遇到过很多有优先级创伤的人。他们的故事揭示了专注与分心的父母一直把自己看得比孩子更重，还揭示了原初创伤未治愈的看护者没办法优先考虑自己的孩子。

尽管我下面重点关注的是家庭中的原初故事，但我想提醒你，优先级创伤也可能在以后的生活中出现，而且它可能始于原生家庭之外的关系。你可能意识到第一次让你感到不受重视的人是前任恋人或好朋友，而不是家庭成员。在我们一起探索这个问题时，请保持开放的心态。

专注和分心的原生家庭

专注和分心是一回事。当你的父母或其他家人专注于其他事情（他们专注或分心）时，他们很少把所有的注意力放在孩子身上。分心可以是持续性问题（比如父母忙于工作）的结果，也可以是消耗性问题（比如酒精或药物滥用、赌博、心理或身体健康问题）的结果，或者它可能是在特定时段内耗费精力的事情（比如在一段时间内婚姻出问题或者情绪容易失控）。

安德烈出现优先级创伤的原因是他的母亲独自抚养他长大，为了生计打两份工。安德烈说他的母亲总是那么慈爱。我可以看出他多么爱她、尊重她，不过，他小时候只想和母亲在一起，而这是无法实现的。妈妈一周六天都两班倒，他只有星期日才能见到妈妈。星期日，他们会一起去教堂，在母亲上夜班之前一起吃午餐。

安德烈非常感谢母亲为他所做的牺牲。事实上，他有时会辩解道她优先考虑孩子才会打两份工。但是，这并没有改变一个事实：他最渴望的是和母亲待在一起。尽管母亲尽力为他的未来打算，但安德烈的创伤还是出现了。

当然，即使个人或家庭出于好意，原初创伤也会出现。我们可能更愿意认为创伤一定是源于恶意或疏忽，但实际上它可以在没有恶意的情况下以多种不同的方式表现出来。

卡伊特的母亲也是如此，她的全部心思被生活中的各种事情占据着。卡伊特的父母从未结婚，她的父亲在卡伊特只有四岁的时候找到了他所谓的真爱，她的父亲抛弃了她们。这让她的母亲非常伤心，随后沉溺于约会与新恋情。有时，她似乎每隔一天晚上就要约会。

"她约会后回到家中，和我事无巨细地讲约会的过程。我觉得她在约会时从没想过问一问我的事情。她完全沉浸在恋爱之中。"卡伊特回忆道。她非常爱她的母亲，但她仍然感到痛苦。她从不想让妈妈为难，但也不想和母亲进行"闺蜜般的谈话"。她希望母亲关心她的生活，她想让母亲觉得自己很重要，而不是在这些男人进入母亲生活的时候，她被排在优先级的最底层。卡伊特很想得到母亲的重视，但是她的母亲只在意自己的生活，顾不上她。

长期专注和分心的家庭会产生持久的影响。你在成长过程中怀疑自己是不是被优先考虑的对象，怀疑自己是不是比其他分心的事情更重要，这是很痛苦的体验。这种体验会以明显或微妙的方式进入你的成年关系。

父母未解决的创伤

在你成长的过程中，你生活中的成年人可能也经历着自己的创伤。事实上，他们可能至今仍然有未承认与未解决的创伤。这些创伤很容易传递给你。他们小时候没有被优先考虑，因此他们会优先考虑自己。他们在自己的成长过程中受到忽视，因此他们可能更重视自己的需求、愿望和渴望。父母未解决的创伤可以通过无数种方式传递下去。这种观点提供了重要的背景，但并不能改变你没有被优先考虑的事实。处理父母未治愈的创伤根本不是孩子的责任，但遗憾的是，这种情况时常发生。

莎拉告诉我，她小时候沉迷于摄影。她想学习一切有关摄影的知识。她央求父母买一台相机作为她十一岁的生日礼物。于是，她得到了一台最好的相机。不过，在她收到这份令人激动的礼物两年之后，她的父母坐下来告诉她不能再沉迷摄影了。她说："他们说这'对我不好'，我需要专注于那些能让我进入'合适'大学的技能。"

莎拉的父母很富有。莎拉在曼哈顿上东区长大，父母为她制订了详细的教育与职业计划。他们告诉她，摄影赚不到钱（毕竟这只是爱好），她需要开始认真思考自己的未来了。这对她来说是毁灭性的打击。即使几十年后谈起这件事,她还是摇了摇头,脸上明显流露出伤心。

她的父母有大量的资源,能帮助莎拉实现她的梦想。他们只是接受不了,认为如果她不遵循既定的职业道路,父母在他们的圈子里会抬不起头。"他们想让我当医生。"她说,"我记得有一次我和父母要参加他们朋友的节日聚会,他们提前告诉我不要对任何人说起我的摄影梦想。我的妈妈直接说'今天晚上不要让我们难堪'。与她的梦想相比,他们更在意别人的看法。"这反映出他们的焦虑与恐惧(即他们的归属感创伤),虽然他们不这么认为,但是,他们的行为显然更重视自己的需求,而不是莎拉的需求。

听到这个故事,让人感到心痛。莎拉后来成为一名出色的医生。她讨厌自己的职业,但她更讨厌的是她的痛苦经历。她来找我的原因是男友第四次和她分手了。他们彼此相爱,总是分手又复合。不过,他们想解决的困境是:他想要孩子,而她不太确定。

随着我们进一步探索,我发现莎拉确实想要孩子。不过,她正在无意识地考验自己的前男友,看一看他是否愿意把她的愿望放在首位,这是她的父母从未做过的事情。她还有许多经历有待探索,不过,这一领悟为莎拉打开了新的认识领域。她的优先级创伤(在她所爱的人眼里,她从来都不是优先考虑的人选)至今仍然对她产生深远的影响。

你的家庭系统中可能存在一些未解决的创伤,而这些创伤造成了你的优先级创伤。这绝不是在找借口,你想知道家人未治愈的痛苦如何使他们不能优先考虑你吗?

识别原初创伤,不是为了找到借口。它不是说过度反应是对的,而是帮助你理解自己的过度反应。识别原初创伤只是起点,而不是终点,是开始让你走向治愈的催化剂。

应对优先级创伤

许多孩子一直渴望被重视,为了得到看护者的优先考虑,他们竭尽所能,想要弄清楚自己需要成为什么样的人或者自己需要做什么。不过,当他们的努力失败的时候,他们最后会放弃,接受了自己非优先的地位——想到孩子可能需要妥协,我就感到非常伤心——当这种情况在儿童期出现的时候,这样的应对方式可能会延续到成年期。

重复之路

正如我们之前看到的那样,我们应对创伤的常见方式之一是在成年关系中无意识地重复创伤,安德烈和卡伊特都是如此。

心理学中有一种关于精神机能障碍代际传递的理论(我知道这个词有点拗口,我尽量少用专业术语)。这是指行为、特点和人格特质以遗传与非遗传的方式一代又一代传递下去。更通俗地说,很多东西是前几代人传递给我们的。我们经常重复自己在成长过程中观察或经历过的事情。

你有没有听别人说过"你像你的妈妈（或爸爸）"这样的话？事实上，你多半听过类似的话。代际重复之路是显而易见的。你重复家中长辈的行为、特征和人格特质。这可能是在你意识不到的情况下发生的，比如，你的父母容易生气、反应过激，几十年后你发现自己也有类似的问题。有时，你竭尽全力也无法避免，比如在有虐待倾向的家庭中长大，你发誓永远不会虐待自己的小孩，结果发现自己走上父母的老路。安德烈和卡伊特在探讨自己成年关系中的优先级创伤时，发现自己走上重复之路。安德烈是无意识的，而卡伊特意识到了，但仍然重复以前的模式。

安德烈的妈妈为他牺牲了一切，但她繁忙的工作使安德烈产生了优先级创伤，安德烈在治疗过程中说他的妻子烦透了他下班以后一直打电子游戏，想和他离婚，而他坚持说这是他的减压方式。通过治疗，安德烈意识到电子游戏是他的第二份工作。他对我说每天晚上要玩六个小时以上的游戏。他没有选择专注其他事情的伴侣，而是成为专注其他事情的人，把妻子放在他童年时的家庭位置上，并通过他的分心行为重复了他的优先级创伤。这样，他不仅维持自己的创伤，还让妻子感到自己被忽视了。有时，当我们相信别人不能优先考虑我们的时候，我们就会创造出一个让我们不被优先考虑的环境。

安德烈一开始并没有注意到他在重复自己的优先级创伤,而卡伊特立刻注意到了她的模式。她立刻承认自己在恋爱关系中容易分心,承认自己晚上花好几个小时在 Instagram 上浏览。这减少了她与伴侣的共处时间,影响了他们的亲密关系。

卡伊特实事求是地说道:"我明白了。我做了和我妈妈一样的事情。"她看到了,但她仍然做出同样的行为。她的意识不足以改变她所知道的事情,但足以让我们由此展开讨论。

卡伊特从来没和母亲说过她觉得母亲不重视她。因此,卡伊特从未听过母亲承认她的分心行为并承担责任,这正是卡伊特需要听到的。相反,卡伊特无意识地重复同样的模式,把前男友放在她曾经所处的位置上。如果她的男友出现了与卡伊特多年前相同的经历,她认为自己将感到被看见、理解与认可。一旦我们识别出这一模式,她就理解了这对他们的关系来说造成了多么严重的伤害。事实上,她不想让伴侣感到不受重视,而是想让自己被听见与理解。她意识到她可以有更好的应对方式。

幸运的是,卡伊特的母亲能接纳她。在治疗过程中,卡伊特鼓起勇气,和母亲说起这件事。她的母亲能认可她的经历,承担责任,真心为她的分心行为道歉。以前的小女孩被见证,这对卡伊特来说是非常治愈的。不过,卡伊特的治愈还需要自己承担起责任,为她把痛苦传递给男友而道歉,并且她要关注当下,优先考虑自己的男友和这段感情。

重复之路看似很明显，但容易被忽略。多年前你可能说过自己绝不重蹈覆辙的话，但是，我发现很多人甚至意识不到他们仍然会做出同样的行为。重复之路容易被识别，但是有时容易出现灯下黑的情况。如果你睁大眼睛，你可能看到什么？

相反之路

乍看之下，最微妙的代际传递行为与重复行为相反。它涉及的行为与你曾经观察并经历过的事情截然相反。如果你厌恶成长过程中的某件事，你肯定想走一条不一样的路。你目睹了痛苦、破坏或你瞧不起的行为，你可能想做出180度的转变，找到一条保护自己或成就自己的路；你看到酒精毁了你母亲的生活，你发誓自己决不碰酒精；你在冲突不断的家庭中长大，现在就不计代价地避免冲突；你的父母过度消费、负债累累，你可能在花销上很谨慎。相反之路有多种形式。从表面来看，它可能是一条更健康的路。谁会批评不喝酒的人、避免冲突的人和爱攒钱的人呢？这些听起来都是合理的决策。不过，如果由于未治愈的创伤而选择了相反之路，恐惧就会占据主导地位，为你做出决定。正如你在伊莎贝尔和乔瑟芬娜的故事中看到的那样，相反之路会引发诸多问题。

伊莎贝尔对乔的诸多要求在很多方面都是与受到忽视相反的途径。她不想自己成年了，还被用儿时的方式来对待。她开始要求别人优先考虑她，特别是乔。获得优先级的方式就是要求别人优先考虑自己。伊莎贝尔要求乔事事以她为先。不过，这种做法适得其反。伊莎贝尔越强迫，乔越疏远。一旦伊莎贝尔识别并注意到她的优先级创伤与相反之路，她就能从不同的角度看待自己的行为。

伊莎贝尔的优先级创伤被乔的"自私"激活了。我需要说一下，渴望自主不是自私。希望生活中不只有伴侣，这不是问题。事实上，我们知道在美满的婚恋关系中，双方既要支持对方的个人梦想，也要有双方的共同目标，从而平衡自主性和亲密感。乔想单独与朋友相处，本身没有对错，她想单独行动不意味着她忽视了伊莎贝尔。

问题在于这些矛盾一直没有得到解决，乔只能从自己的角度考虑。相应地，伊莎贝尔会大发脾气，辱骂乔，发信息要求乔按时回家或者干脆不要回家。乔受够了伊莎贝尔越来越窒息的要求，对伊莎贝尔失去了耐心。即使乔知道伊莎贝尔在家哭着睡着了，她也只顾着自己的兴趣。这听起来很刺耳，但并不是说乔很糟糕，而是说乔和伊莎贝尔的交流不顺畅，任由事态发展下去。随着时间的推移，彼此互相怨恨，即使伊莎贝尔想摆脱童年的模式、掌握控制权，双方的互动也为伊莎贝尔重新构建了不被优先考虑的模式。

在感到威胁时，我们往往竭尽所能不让自己重蹈覆辙。"如果我们的关系发生了变化，我就不再是被优先考虑的对象了。"这种想法在她与乔的关系中已经到了非解决不可的地步。伊莎贝尔不是有意控制对方，但她确实做出了控制的行为。伊莎贝尔试图阻止乔和朋友相处，这是她在寻找安全感，结果却适得其反。

伊莎贝尔没有意识到的是，她需要进行自己的原生疗愈工作，否则，创伤永远不会愈合。她不能依赖乔为她治疗。如果乔只是听从伊莎贝尔的要求，可能可以暂时缓解伊莎贝尔的优先级创伤，但她的创伤会被反复打开，乔的内心会变得更加愤懑。就算乔会以她对自主与相互依赖的合理需求为代价讨好与安抚对方，但这是行不通的，研究已证实了这一点。现在，婚恋关系的根本目的是伴侣帮助对方实现自主性和个人成长的需求。

你可能努力成为家庭中的优先人选。有时，你牺牲了真实性，你的努力成功了；有时，你的努力失败了，你因此放弃。你现在的应对方式与你过去的应对方式可能是一样的。你可能重复了这一模式，或者你走上相反之路，不优先考虑他人，竭尽全力不想重蹈覆辙。不过，你可能意识到这些做法都不会让你被优先考虑。它不能治愈创伤，只能在创伤上撒盐。

治愈优先级创伤

在前面的章节中，你做过原生疗愈实践，但我想让你体验一下阅读他人（例如伊莎贝尔）的力量。记住，见证别人的过程是一种荣幸。在阅读的过程中，你要留意到自己的感受。你觉得伊莎贝尔的练习方式怎么样？它对你有帮助吗？你注意到自己评判了什么吗？从别人的治愈过程中，你学到了什么？

当伊莎贝尔明白她需要治愈的是优先级创伤，后续的会谈就变得更加深入。伊莎贝尔可以闭上眼睛，在脑海中想象七岁的自己并见证她。抛开所有的干扰，伊莎贝尔能充分尊重年幼的自己。在很长一段时间里，她一直弱化、解释或否定自己的经历，而见证是一种重要的矫正行为。当见证发生时，生活真的发生了变化。

这一天，她大声说出二十多年前自己看到的事情，乔和我见证了她的经历。我经常对我的来访者说，不管你当时的年龄有多大，这一练习就像把椅子拉到年幼的你面前，既近到让你看清细节，也远到避免你离得过近。你能想象出你住的房子、你过去爬的楼梯、你的卧室吗？当然，伊莎贝尔经历的是一个单独的扰动事件，你的经历不一定与她的经历相似。如果你的父母每天晚上忙着工作或酗酒，导致你长期被忽视，你可以想象一个或多个画面，然后见证、观察并调整。

我问道："伊莎贝尔，你需要我的引导吗？"

"好的。"她有些犹豫地答道。

我们三人闭上眼睛，一起呼吸。

"你能看到小伊莎贝尔吗？能告诉我她的情况吗？她现在穿着什么？她看起来怎么样？"

"她有一头棕色的长发，扎了两条辫子。啊呀，我喜欢扎辫子。她穿着T恤衫、紫色短裤和运动鞋。"

"你看见她的脸了吗？你注意到了什么？"

"她笑着，但我看到她笑容的背后是深深的悲伤。"

"她看到你坐在她身边了吗？你可以让她知道你坐在她身边吗？"

"当然。"伊莎贝尔停了一会儿。"嗨。"她对年幼的自己说道。

伊莎贝尔开始哭起来。她不再需要我的引导。她继续说："嗨，可爱的小姑娘。我很抱歉你的生活一下子发生了翻天覆地的变化。你的人生很特别，我很抱歉你一下子失去了如此多你爱的人。我知道他们人在那里，心思却不在那里了。我很抱歉他们没有优先考虑你，我很抱歉妈妈的抑郁症笼罩着整个家庭，你和爸爸开始为你们不该承担的事情负责。我很抱歉。你一直想让别人优先考虑你，但你的做法满足不了你的需要。我很抱歉我没能早点儿看出这一点，我很抱歉我没能更好地引导你、引导我们，我以后会做得更好的。"

伊莎贝尔深吸了一口气。我的眼睛仍然闭着，但我偷偷看了一下乔和伊莎贝尔的情况。

乔拉着伊莎贝尔的手，我看到了她脸上的泪痕。她挨着伊莎贝尔，伊莎贝尔的头靠在乔的肩膀上。我看着伊莎贝尔，我看到的是一个回到过去的女人。她回到了七岁的自己身边。这一刻，伊莎贝尔开始优先考虑自己。当她安全地命名并见证自己的创伤以及她适应创伤的方式时，她开始摆脱创伤，开始优先考虑自己。乔和我也在场，因此，她有了别人见证成年的她和童年的她的经历。这是伊莎贝尔在治疗中多次进行的练习，也是她在家中独自有意识地进行的练习。

伊莎贝尔还学习感受自己的悲伤，这意味着她也学习感受爱。正如作家珍妮·尼尔森所说：哀伤和爱是相连的。我们不能只体验到其中一种感受。继续抗拒哀伤，就意味着抗拒自爱。伊莎贝尔有意识地创造了哀伤的空间，同时创造了关爱自己的空间。注意，这不是强迫你感到哀伤，你可以选择不去哀伤。事实上，我们经常这样做，这是一种健康的应对方式。但是，总有一天，你无法忽视这种感受。哀伤会以明显或微妙的方式显现出来。它不是想折磨你，而是想要得到解脱。

对伊莎贝尔来说，这不是克服创伤，而是改变她与创伤的关系。她无法改变已经发生的事情，但她可以改变这件事情对她的影响，这是她的母亲一直没有弄清楚的事情。我们和自己的哀伤在一起，学会如何花时间与它共处，让每一次熟悉的事情出现时，我们过去受到的伤害不再浮现出来。伊莎贝尔把安慰她、重视她的责任推给了乔，无意识地回避自己在举目无亲的新城市中感受到的孤独感，回避"她对伴侣不够重要"带来的伤心。这正是伊莎贝尔儿时经历的微妙重演：她的母亲只顾着自己的创伤，伊莎贝尔被迫调整自己，成为妈妈的慰藉。这让伊莎贝尔有了更深层的认识，但前提是伊莎贝尔愿意触及这段经历。

这对伴侣需要看到，如果乔一直满足伊莎贝尔优先级的需求，实际上这对伊莎贝尔并没有好处。当然，乔选择的应对方式也对伊莎贝尔没有好处，不过，这是我们在"转向"这一步骤中将要解决的问题。

正如你所知，转向是关键的时刻。这一刻，你要把你的认识落实到行动上。即使你周遭的事物是熟悉的，你仍然有机会选择不同的反应方式。转向发生在被激活（或被触发）和你的反应之间。在此时，你有机会改变自己常见的行为模式。你不再受到无意识程序的引导（你的条件反射起主要作用），而是受到意识的引导。在转向的过程中，你花一些时间回想起你已经识别的模式，引导自己做出合理的回应，而不是过度的反应。这一点说起来容易做起来难，你要在生活中不断实践。

伊莎贝尔需要注意到自己的优先级创伤被激活的时刻，停下来命名它、见证它、哀伤它，这样她会更清楚接下来要做什么。为了促使转向的出现，她需要更了解自己，更了解她与对方的表达方式。伊莎贝尔不要批评乔，而要把她的情感需求说出来。你将在第8章"驾驭冲突"中了解这方面的更多信息，现在你只需要知道，当焦点从批评抱怨转向表达情感需求的时候，这对伴侣更有可能一起转向，最终得到不同的结果。

当我提到她们需要一起转向的时候，乔问我："我们该怎么办？当我想单独与朋友在一起时，我们该怎么办呢？我不想让伊莎贝尔感到被忽视。我不想伤害她，但我希望彼此都有自己的空间。"

乔正在转向。她只是没有意识到这一点。她说她不想让伊莎贝尔感到被忽视，这恰恰是美好的开始。她对伊莎贝尔承认她意识到她的创伤，不想故意激活她的创伤。她知道以前让伊莎贝尔感到被忽视的事情仍然让对方感到困扰。

这将是我们接下来要一起努力的方向。乔说出自己的计划，但提醒伊莎贝尔"她仍然是自己优先考虑的对象"，而伊莎贝尔努力弱化乔偶尔单独行动对她的影响。我见证了她们的成长。

伊莎贝尔的转向，还要求她在乔的独立性激活了她的创伤时，找到自我安慰的方法。我建议她用新行为取代旧行为。她可以读书，给朋友打电话或者出去散步，而不是生气地给乔发短信。通过自我安慰和用新行为取代旧行为，她会找到让自己平静下来的方法，而不会对乔提要求。

我们花了好几周时间，让她们在遇到熟悉的事件时进行识别、见证与哀伤，还要注意转向的时机，并且相互沟通内心的想法。一个好办法是说出你内心的想法。在伊莎贝尔找到转向的时候，她可以对乔说："我知道看望朋友对你来说很重要，但我告诉自己的是，我对你来说不重要。"这是叙事疗法的内容，叙事疗法是迈克尔·怀特与大卫·爱普森在20世纪70年代提出的。这项工作让个体致力于形成对自己有帮助的自我与身份认同故事，而不是形成对自己没有帮助的故事。在伊莎贝尔和乔的例子中，伊莎贝尔说出了"她不被优先考虑"的负面故事，让乔有机会打断这一故事。乔可以回应:"谢谢你告诉了我。那个故事不是真的。你对我来说是极其重要的。我爱你,我迫不及待地想和你在一起。我会带着手机,晚上查看信息。"你可能觉得这太做作了,甚至会翻白眼,心想:"谁会那样说话啊!"我明白,但乔和伊莎贝尔能这样充分利用她们的转向,是因为她们非常努力才做到的。虽然她们做得不完美,但这是一个进步,别忘了他们的起始点可能与你所处的位置类似。

当然,我们在脑海中有无数个关于别人的感觉、想法或感知的故事。一个重要的句式最初源于叙事疗法,但因布琳·布朗的书《崛起的坚强》而闻名。这个句式是"我告诉自己的故事是……"你可以用它理清自己的思路,也可以像伊莎贝尔上面所做的那样,和别人分享并检验你的故事,这样,它能开启彼此的对话,而不是沉默和犹豫。试一试,看一看效果如何。

你的疗愈实践可能与伊莎贝尔的疗愈实践存在着诸多不同,也许你们最大的区别是你没有一起实践的伴侣,像乔这样的人一起见证你。但是,如果你确实有伴侣、亲密的家人或朋友,你想邀请他们和你一起进入亲密的空间,那么,你们之间可能会发生一些特别的、治愈的事情。

当然,这不是必需的。不过,如果原初创伤造成目前的关系受损,这样做是非常有帮助的。原初关系创伤是源于关系的创伤,这让我们相信我们需要别人反驳我们在童年时被灌输的信息。你可能像许多人一样,说服自己"体现我的重要性和价值的证据掌握在别人手里——它不在我身上。有人证明'你是被优先考虑的人',我就是被优先考虑的人;有人告诉我'你有价值',我就是有价值的。我融入群体,我就有了归属感"。我们有理由这么想。不过,困难的是:从某种程度来说,你确实需要人际关系来帮助治愈。我坚信如果关系造成了创伤,关系也一定有助于治愈创伤。不过,这项工作既是与关系有关的,也是与个人有关的。尽管你一开始可能不会完全靠自己探索你的价值感、获得感或归属感,但是,这是你需要考虑的方向。

原生疗愈实践

如果你愿意的话,我们做一点儿练习。我将会一直提醒你在探索的过程中照顾好自己。必要时可以暂停一下。你要做的不是强迫自己。

命名。你要记得,注意或识别优先级创伤并不是要你背叛或贬低你从家庭中获得的爱。

你能回想起第一次质疑自己优先级的时刻吗?这可能是对某个人,也可能是对整个家庭。你还记得谁让你质疑它吗?你还记得你在哪里吗?你正在做什么?你想让对方做什么或说什么?你还记得哪件事或者哪个人比你更重要吗?看一看你能注意到多少细节。

见证。尝试近距离看一看你第一次或随后几次感到被忽视的年幼的自己。把椅子拉近一点儿，看一看你的面部细节、你的表情和你的肢体语言。开始让自己感受那个小孩——那个更年幼的你。

哀伤。你可能觉察到情绪开始浮现出来。你能表达出来吗？你可能已经适应了这样的生活。年幼的你不得不忍受优先级创伤，你会为当时的自己感到心痛。体会那个孩子的感受。注意到你此刻想为他做些什么。你想抱一抱他吗？你想对他说"听到你的经历，我感到很难过"吗？你想把他抱起来，告诉他一切都会好起来吗？你觉得你必须采取哪些行动呢？你只需要留意自己的感受。

或许你开始注意到你获取优先级的方式了。你要求别人的关注还是你干脆放弃了？这些应对方式使你更加远离自己，你可以为当时的你感到伤心吗？

你愿意在此刻停留多久就停留多久。如果你仍然闭着眼睛，在你回到房间之前再花一点儿时间。闭着眼睛，动一动手指尖，动一动脚趾，抻一抻肩膀。把你的手放在心口或肚子上，有意识地注意你的呼吸。思考你睁开眼睛后会看到什么。你还记得你在哪里吗？慢慢睁开你的眼睛，慢慢来。

记住，你想做几次就做几次。你可以一周之内每天进行练习。或者你可以只做一次，一年以后再做一次，五年以后再做一次。我为你感到骄傲。

转向。最后，我希望你能花点儿时间思考一下你的优先级创伤现在在如何对你产生影响。它以怎样的方式，出现在你的哪一段关系之中？你能补全下面的话吗？

如果我优先考虑自己，我想立刻改变的是_____。
如果我优先考虑自己，我想告诉别人的一件事是_____。

这一周，我想让你看一看是否有优先考虑自己的契机，并且试一试优先考虑自己。把手放在心口……你正在努力。

第 6 章　我想有信任感

把信任寄托在别人身上，会让你陷入非常脆弱的境地。你信任别人，这正是你想要做的。你选择相信别人、依赖别人、认为别人会信守承诺。你有机会选择信任的第一批人一般都是你的家人。你的家人通过他们所说的话、所做的选择、如何践行承诺以及教你对别人持有期望来教会你信任别人。

你还记得我在本书开头提到的娜塔莎吗？她不经意发现了她父亲和其他女人的暧昧邮件。娜塔莎看到了她不该看到的令人心碎的事情，这使她伤心欲绝。这些邮件是对母亲严重的背叛，是对父母婚姻和信任的摧毁，也摧毁了娜塔莎的信任感。她目睹了一次背叛，更糟糕的是，她成了背叛的一分子，多年来一直保守着父亲的秘密，不让母亲知道影响她幸福感的事情。

除了我，娜塔莎从来没有和别人说过这个故事。只有她和父亲知道这件事。这对娜塔莎来说是个沉重的负担。这次信任的破裂不仅破坏了她对父亲的信任感，也破坏了她对所有人的信任感，尤其是与她约会的男士。她很难相信人性本善，也很难相信别人会一直正直诚实、信守承诺并始终如一。她总是等待意外的出现，预期她的信任将会被再次打破。

如果你很难相信别人或者下决心不再相信别人，你可能拥有值得探索的信任感创伤。不一致、谎言、背叛与抛弃，都会导致信任感的破裂。我们都知道一旦失去信任，就很难重建信任。

信任感创伤的起源

你有观察到你的父母一直信任别人，却发现他们一再被利用吗？当你的父母出现信任感创伤，他们有告诉你要小心或"永远不要相信男人"，或者说一些让你难以摆脱的笼统说法吗？你有过信任瞬间破裂的经历，比如父母抛弃了你，或者你信任的人欺骗了你或你爱的人吗？信任的破裂容易让你变得冷硬。你竖起心墙，在互动与人际关系中怀疑、疑虑与猜忌别人。

我发现大多数人真的不希望过去遭受的背叛让他们不再相信今天生活中的人。他们不希望过去的欺骗或谎言使他们怀疑别人是诚实的、乐于助人的以及值得信任的。他们不想一直检视自己的人际关系，搜寻欺骗的证据。这样避免不信任的生活，令他们筋疲力尽。

我接触过的大多数有信任感创伤的来访者都问我："我怎样才

能学会信任别人？有没有什么办法让我放下过去、重新开始呢？"事实上，重建信任是一个漫长而痛苦的过程。如果谎言、背叛或抛弃从你的童年延续到你当前的恋爱与友情，你可能更加无法信任别人，创伤变得更加严重。

不过，你还有机会。前方依然有路，这条道路是从识别信任感创伤开始的。

背叛

特洛伊和马克来接受治疗，特洛伊依然对前天晚上聚会上发生的事情感到非常生气。他怒气冲冲地走进我的治疗室，就像事情是刚刚发生的一样。

"特洛伊，等一下。怎么了？发生了什么事？"我一边问，一边试图让他平复下来。

"他还是老样子。他从来不为我考虑。他总是站在别人那一边，不站在我这一边。我受够了。如果他不维护我，为什么还要和我在一起呢？"特洛伊气极了。

"你说的不一定是对的，特洛伊。"马克平静地回答。

"可我也不一定是错的。"特洛伊反驳道。

我不是第一次听到这些话了。特洛伊经常抱怨，他觉得马克不维护他。他认为伴侣就应该永远支持他、维护他，马克不仅没有这样做，还经常支持别人，他觉得自己被背叛了。就马克而言，他很难支持特洛伊,原因是他不想鼓励他所谓的"坏行为"。

"因为他是你的伴侣,即使他与别人说话的方式令人尴尬,你也会支持吗?如果你伴侣的观点不对呢?我明白他想得到我的支持,不过,当我不同意他的观点时,我很难成为他的支持者。支持与不支持的边界在哪里?"

马克说得很对。边界在哪里?在我们回答这一问题之前,我们觉得有必要了解一下这是哪种创伤正在起作用。特洛伊显然感到自己受到了背叛,不相信马克会支持他。不过,特洛伊的过度反应表明了这不是他有生以来第一次经历的背叛。

当我们探索他的原生家庭时,我了解到特洛伊的父母在他七岁时就离婚了。几年以后,他的母亲再婚了。他的继父有两个自己的男孩,他们的年龄与特洛伊相仿。

"我是唯一一个倒霉蛋,每一次都是。不管他们做了什么,都是我的错。我妈根本不管,她只是看着继父一直维护他的儿子。就算他们放火烧了我,那也是我的错。我恨他们。"

在特洛伊的成长过程中,没有人支持他。他无法理解继父怎么能无视自己儿子的蛮横行为。更糟糕的是,他的母亲是他在这个家庭中唯一有血缘关系的人,却根本不管他,既不支持他、也不保护他,因此,特洛伊觉得自己被背叛了。他很难相信成年人做的事情是对的。"我知道他们是你的孩子,你更在意他们,但你怎么能无视他们的错误,还把责任推到我身上呢?"

背叛发生在有人打破了与健康关系有关的显性或隐性约定的时候，发生在与关系有关的约定故意被打破（比如出轨或抛弃）的时候，发生在你想从别人那里获得安全、保护或更高优先级，而对方无暇顾及的时候。背叛也破坏了信任。

背叛还可能发生在对伴侣隐瞒重要信息的时候，比如不告诉对方你被解雇了、你出轨了、你拿孩子的大学储蓄金去赌博了，或者你背着伴侣肆意消费了。

我经常在婚恋关系中看到这样的情况。欺骗与背叛的影响远比你想的更严重。有的来访者买了贵重的物品，在伴侣没发现的时候就扔掉了外面的包装；还有的来访者不和伴侣沟通，就给自己的家人寄了一大笔钱。他们可能对此有很多理由，从"这点事不值得吵架"到"这是我的钱，我想怎么花就怎么花"。不过，无论什么理由，这都改变不了对方被背叛的感觉，也改变不了关系的破裂。

当你因被背叛而产生信任感创伤的时候，你会丧失信心，一再产生"我不能（或无法）信任你"的想法。

在家庭中，背叛有多种多样的表现方式。你觉得自己经历过背叛吗？你的信任感是否破裂了呢？你不相信某个人吗？这件事从哪些方面让你觉得别人不值得信任？

- _____让我感到背叛。
- 我经历过的背叛是_____。

- 这让我没办法再信任别人，因为＿＿＿＿＿＿。
- 我现在保护自己的方式是＿＿＿＿＿＿。

你爱的人背叛了你，这会让你质疑一切。你的每个信念、每个回忆，现在都被怀疑所取代。以前充满信任的生活，现在也被夺走了。不过，如果你能努力识别信任感创伤、重建信任，这就是充满勇气的行为。我看见了你，看见了你温柔的心。你正在努力，我为你加油。

欺骗

当我遇到安吉莉卡的时候，她告诉我她需要更加信任她的男友。对方无数次发现她偷看自己的手机，对她非常不满。安吉莉卡知道她不能再这样做了。"我知道自己一直在越界，但是，即使他从来没有出过轨，我也很难相信他。"

安吉莉卡暴露的是信任感创伤。她的男友说了自己的去处，她一直在"找到我"的应用程序上跟踪他。她还会查看对方在Instagram上的私信，查看他的手机短信和电子邮件，确保他没有和她不认识的人聊天。如果她无意中发现了新名字或电话号码，她就会追问对方是谁，以及他是怎么认识对方的。安吉莉卡想方设法不受到男友的欺骗。

我知道肯定有原初故事在支配着她的行为。在一次治疗会谈中，安吉莉卡告诉我在她二十一岁的时候，她发现她的姨妈实际上是她的生母，而她一直叫妈妈的女人实际上是她的姨妈。是的，你没看错。

当时，安吉莉卡大学刚刚毕业，二十多位家庭成员参加了她的毕业典礼。之后，安吉莉卡在厕所隔间里听到了母亲和姨妈的对话。她听到姨妈说："非常感谢你为安吉莉卡所做的一切。我很感激多年前你帮了我。当时，我还没准备好当妈妈，她能遇到你真是太幸运了。我也很幸运。"安吉莉卡在厕所隔间里僵住了。她刚刚听到了什么？她的姨妈在说什么？这是什么意思呢？她听清了这些话，但没有听懂。厕所里没有其他人。她冲了马桶后走了出来。这就是安吉莉卡发现自己受骗的经过，简直是电影中的桥段。

安吉莉卡的家人隐瞒了她出生的故事，他们认为这是正确的决定，但安吉莉卡仍然觉得自己被欺骗了。她一直生活在谎言中——更糟的是，除了她，所有人都知道这件事。这让安吉莉卡开始质疑她生活中的一切。你说的是实话吗？你是在骗我吗？问题源源不断地出现。

她觉得自己必须亲自确认一切，她对我说"要用她的双眼"。不过，她的困扰不仅仅是信任别人。人们在受到别人的欺骗、背叛或误导时，还容易产生自我怀疑。我怎么就不知道呢？我怎么没看出来呢？我怎么就没有把它们联系起来呢？我怎么就发现不了眼皮子底下发生的事情呢？

回顾你的童年，你是否经历过或观察到别人的欺骗行为呢？请注意，即使欺骗不一定发生在你身上，你也可能受到它的影响。你可能看到过父母之间的欺骗或者父母欺骗家中的其他孩子，那时候你也受到了影响。

- 欺骗你的人是＿＿＿＿＿＿。
- 那次经历对我的影响是＿＿＿＿＿＿。
- 那次经历现在对我的影响是＿＿＿＿＿＿。

抛弃

"我觉得就是她啦。"马哈茂德前天晚上约会了，兴奋地和我分享约会的细节。他重复道："我真的认为她就是我想找的人。"我很想恭喜他，但我比较谨慎。毕竟，在最近的两周内，我已经听他说过好多次这样的话了，而且是对不同的女士。马哈茂德的行为模式是，他去约会，与某个女士聊得开心，告诉我他找到了心爱的人，然后下一周回来就告诉我他们分手了。这一循环周而复始，今天也是如此。

我们需要进一步探索，看一看我们有怎样的发现。在马哈茂德八岁的时候，他的父亲告诉家人，他必须回到他的祖国埃及工作一段时间。他一个月出差一次，但这一次他再也没有回来。几周之后,马哈茂德和其他孩子开始问母亲"父亲什么时候回来"。几个月以来,母亲总是说父亲的工作时间要比预期更长,但最终母亲说父亲不会回来了,他决定留在埃及。

父亲离开的原因并不明确,他只能猜测。父亲抛妻弃子,整个家庭都伤心极了。马哈茂德是家中唯一的男孩,一直和父亲的关系很亲密,他伤心极了。他本想自己长大后能和父亲一样,现在,他的父亲走了。父亲为什么要离开?他不爱我们了吗?我做错事了吗?他搞不清发生了什么事。

童年被抛弃是一种背叛形式,当父母或看护者不顾孩子的幸福感而放弃其职责时,抛弃行为就发生了。它可以表现为身体抛弃,比如马哈茂德父亲的离开;也可以表现为情感抛弃,比如父母不给孩子提供情感支持。

在你成长的过程中,别人抛弃过你吗?是谁呢?这对你产生了怎样的影响?它在哪些方面告诫你不要相信别人?

- 我被＿＿＿＿抛弃。
- 这让我产生＿＿＿＿＿＿的信念。
- 我现在保护自己的方式是＿＿＿＿＿＿。
- 不过,我现在意识到＿＿＿＿＿＿。

应对信任感创伤

如果你不能信任你的家庭,这可能让你有意或无意地保护自己免受背叛、欺骗、谎言和抛弃。你可能竭尽所能,为自己创造稳定性和确定性。你可能时刻保持警惕,考验别人,自我封闭并故作坚强,或者尽快与人接近以获得确定感、亲密感与承诺。不过,这些应对信任感创伤的方式并不能帮你恢复信任感。事实上,它们只是维持了你的不信任感。

封闭

当你受到背叛、欺骗、谎言或抛弃的时候,你会觉得唯一的选择是把自己与他人隔开。封闭是一种自我保护的方式:如果别人接近不了我,我就不会受到伤害。你可能选择永远不和别人分享自己的生活细节,不与朋友保持亲密,不和别人约会,或者以其他方式不让别人靠近自己。

你可能曾经在失恋时说"我再也不谈恋爱了"。我们说出这些话,原因是关系的结束是痛苦的,人们经常认为这是背叛,我们不让自己受到同样的伤害。我们永远不想再一次经历失恋的痛苦了。

不过,这不只是关系结束时才会出现的情形。如果家人做了破坏你信任的事情,又没有想办法重建信任,那么,你唯一的选择可能是封闭自己。

改变应对策略的棘手之处在于，它们在很多方面确实能使你远离你害怕的事情，封闭自己可能能达到你想要的效果，但这样做是以牺牲你人际关系中的联结、亲密以及关系的深度为代价的。如果你封闭自己，你可能避免了再次失望，但你也永远不会有机会与他人建立信任、重建信任和形成新故事。

你通过哪些方式应对信任感创伤？这些方式对你有帮助吗？它过去是如何保护你的？你注意到这一应对策略如何阻碍你了吗？

高度警觉

安吉莉卡在毕业典礼时发现了家人的欺骗，这引发了她的连锁反应。在那之后，她变得非常警觉，经常查看男友的电子邮件、短信和私信，警惕着自己再次受骗。

高度警觉的人会不断检视自己的环境、关系和周围情况，试图找出谎言、欺骗或背叛的迹象。这也是一种自我保护的形式：如果我洞察一切，就不会受伤。这对个人来说是很大的负担，因为这需要一直保持防御的姿态，寻找自己受到欺骗与背叛的蛛丝马迹。如果你的经验与信念是别人不关心你，你当然会这样做。别人不值得信任，那么，你能依靠谁去发现自己受骗的迹象呢？

在我父母离婚期间，我变得高度警觉。我从他们那里听到了截然不同的故事，他们的故事不可能都是真实的。我知道有些不对劲，因此，当大人说话的时候，我都非常仔细地听着，找出谁撒谎或者谁隐瞒的信息。当我知道父母打电话的时候，我会拿起家里的另一部电话偷听，这样我就能知道事情的真相。尽管这让我善于察言观色（这个技能现在还能派上用场），但是高度警觉剥夺了我想要的快乐、联系、自由和乐趣。这种适应不良的应对策略很容易进入成年的生活，对我来说确实如此。在我的个人生活中，我难免会追究伴侣的细节或指出对方哪里错了。我和康纳都戏称我是"定点检测器"，原因是我不会漏掉任何细节，而且我一定会说出来。现在说起来我感到好笑，但这正是我失去联结、发生冲突的关键。

为了应对信任感创伤，你在哪些方面变得高度警觉呢？你现在还会这样做吗？这对你有哪些帮助呢？这种应对策略对你产生了哪些方面的消极影响呢？

考验和破坏

我们不信任别人，就会认为有必要考验身边的人。你考验别人的方式有：不把自己的期望说出来；推开他们，看一看他们会不会追过来，好让你知道你对他们多么重要；打破界限，或者提出一些明知道不合理的要求来考验他们的忠诚度。

特洛伊不知道他是否可以信任别人，但他一定会考验他们。他希望有人站在他这一边，支持他。在某些情况下，他明知道自己错了，但仍然希望马克站在他一边，就像他的继父对待自己的孩子一样，就像多年前他希望他母亲所做的那样。"我只是想体验一下，你懂吗？"特洛伊就想体验一下在他无理取闹时，他的伴侣依然支持他。

一旦马克了解到特洛伊的信任感创伤以及关于背叛的原初故事，它就改变了双方的互动方式。我们花了很多时间一起治疗创伤，特洛伊不需要反复考验马克。通过沟通与表达自己的情感脆弱，双方有意识地建立起信任，而不是特洛伊想通过自己无理取闹的行为来评价马克。他们之间的信任越多，特洛伊在社交场合中的不当行为就越少。

你考验别人的方式有哪些呢？通过考验对方，你想证明什么？这从哪些方面损害了你现在的人际关系？

考验也可以转变成破坏。在发现父亲的外遇之前，娜塔莎对别人充满信任。她非常崇拜自己的父亲，但是，她发现的电子邮件改变了一切。一夜之间，娜塔莎开始认为她最亲近的人、她最爱的人会做出意想不到的背叛行为。

这导致她难以完全信任克莱德（她的约会对象，即将向她求婚的男人）以及所有的前任恋人。尽管克莱德从来没有让她感到失望，她还是等着发现一些被他"隐瞒"的事情。这种不信任破坏了他们的关系。

娜塔莎保护自己的方式是分手，她以前都是这么做的。"如果我在你背叛之前分手，我就不会受伤。"娜塔莎不再考验克莱德，她直接破坏这段感情。娜塔莎总是想方设法把恋人推开，在她受伤之前分手。

然而，她的破坏行为和回避行为正在伤害她。在这段感情中，娜塔莎想嫁给克莱德。他善良温和、体贴温柔，既不知道她此刻的挣扎，也不知道她一直背着沉重的负担。

当信任受到质疑时，你怎样用破坏行为来保护自己呢？这对你现在的生活造成了怎样的阻碍？

焦虑型依恋

一些有信任感创伤的人在成年后仍然封闭自己，这样他们就不会再次受伤。不过，还有一些人（比如马哈茂德）选择相反的方式：为了弥补空虚感，他们很快选择依恋那些认识不久的人。

你或许了解依恋理论。这一理论是由英国精神分析学家约翰·鲍尔比1952年提出的，后来得到了发展心理学家玛丽·安妮斯沃思的进一步阐释。她设计了著名的陌生情境实验。这一实验通过观察孩子在母亲离开房间及之后回来时的反应，评估不同类型的依恋风格。安全型依恋的婴儿在母亲回来时重新建立联结，亲近并靠近母亲，渴望与母亲互动。不安全型依恋的婴儿在母亲回来时变得生气沮丧，或者回避母亲。陌生情境实验成为测量安全型依恋和不安全型依恋的工具，至今我们依然使用这一实验作为了解婴儿期依恋与成年期依恋的理论框架。

研究表明婴儿期有安全依恋的人在成年之后往往会有安全依恋，而婴儿期有不安全依恋的人在成年之后往往有不安全依恋。马哈茂德的父亲离家出走，摧毁了马哈茂德安全感的基础。因此，他变得焦虑，试图通过联结建立安全感，往往迅速建立关系，直接快进到"男朋友"的状态。这种应对策略的防御机制是与他人迅速建立关系，这样信任就不会被破坏。如果我能保持这段关系，我就不会再被抛弃。

马哈茂德太讨人喜欢了，他和新认识的女士前几次约会很顺利，这是表面的联结。不过，他总是交浅言深，开始与约会对象谈论以后的共同生活、同居、订婚和结婚，还有他们要生的孩子。一开始，这似乎很有趣，但是，当他逼得太紧时，这会让对方失去兴趣，对方就不愿意继续约会了。这样的情况一再发生，他懊丧地对我说："我知道这会吓跑她们，但我就是摆脱不了这种模式。"他明白自己的行为令人不快，他只是不明白为什么他总是这样做，也不明白如何改变这种模式。

我说："你总想让自己不被抛弃，结果却让别人抛弃你。"

"哇……我从来没有那么想过。我需要一点儿时间思考一下。"

无论你是为了保护自己不再被抛弃而回避联结与亲密，还是你快速形成了焦虑型依恋关系，最终的结果都是缺乏真正的联结。马哈茂德的主要目标是保护自己，确保自己不再被抛弃，也因此，他的恋情并不顺利。这并不是了解对方、建立真正联结或者感情随着时间自然发展的好方法。马哈茂德无意识地重复了多年前父亲对他造成的影响。

他不应急着建立关系，而是要放慢速度，变得更感性。他需要有更多的时间真正了解对方，以及让对方去了解他。这会面临风险，关系不是注定不变的。谁也无法保证一段关系永远不会消逝，也无法保证一个人一直在你身边。我们希望父母能一直陪在身边，所以当他们选择离开的时候，这是毁灭性的打击，让人几乎无法相信世界上有人不会抛弃你。

我们要知道抛弃与关系结束是不同的。很多人难以理解两者的区别，尤其是那些有不安全依恋的人，而我认为强调这一点很重要。如果一个人有以抛弃为核心的信任感创伤，他会认为他需要找到一个永远不会离开他的人。"答应我你不会离开，答应我你会永远留下来。"不过，这当然无法保证。人们会做出承诺，可能会说这样的话，但这些话并不能改变由未解决的创伤带来的恐惧。事实上，这些话并不能建立信任。

未解决的信任感创伤会严重破坏当前的关系。除了给约会对象带来压力，它还会让你不知不觉被不值得信任的人所吸引，这些人会证明你的恐惧是对的。它会迫使你建立不真实的关系；或者反过来，它可能会让你回避别人的亲近，这样你就再也不会伤心了。这不是正常的生活方式。当你的创伤控制你的时候，你就不可能建立起安全感和信任感，而安全感与信任感正是你建立新信念、获得新经验与治愈所需的东西。

应对信任感创伤有助于你巧妙地控制自己的痛苦，但对治愈创伤没有太大帮助。信任感的建立，需要你相信自己的复原力以及提升你的洞察力。它需要你相信自己在经历谎言、欺骗和背叛之后能够恢复，能够从你的经历中汲取经验，你将变得更加睿智，而不会变得更加难以相处与自我封闭。

治愈信任感创伤

重建对自己和他人的信任是一项艰巨的任务。安吉莉卡勇敢地和男友一起尝试。第一步是命名并分享信任感创伤。如果她还希望能通过转向取代她的不信任感，她还要体会到家人欺骗她的严重程度，以及这对她有怎样的影响。

最终，她不再窥探男友的一举一动，而是对男友说出自己想要窥探他的动向，因为她不太确定某件事，然后询问对方以得到澄清或保证。她不再用手机程序跟踪他，而是发短信问他在哪里。然后，她要练习相信对方的话，毕竟他从来没有骗过她。

一旦我们识别出娜塔莎的信任感创伤，她就逐渐意识到她无须一个人承受。她把这件事告诉了我，她感到有些轻松。不久后，她将和克莱德分享这个秘密。这是一个正面脆弱的决定，它本身就说明她极其信任克莱德。娜塔莎正在冒险，这样做的结果是未知的。别人越了解你，就越可能伤害你，对吗？几个星期以来，这个问题一直萦绕在她的脑海里。

她说:"他会知道我最大的弱点。"

"没错,"我回答道,"我们不知道克莱德会怎么想,也不知道他会怎么回应。可是,事实上你想和他分享,说明你还是相信他能接受的。他会尊重你告诉他的事情,说明你心里认为分享这件事会使你和你们的关系有所改变。如果你看不到分享的任何好处,我认为你不会这么做。"

这些话引起了娜塔莎的共鸣。娜塔莎最终成功治愈,不再扮演保守父亲秘密的角色了。这个秘密严重影响着她的生活和人际关系,她准备从它的桎梏中挣脱出来。她告诉克莱德,是她重建与加强信任的尝试,而不是避免自己受伤和做出破坏行为的方式。

她很幸运,她的男友非常关心她。当她打开心扉、与克莱德分享她的秘密时,他们结成了更加强大的团队。她成功地用沟通取代了破坏,在克莱德的帮助下继续建立更多的信任。这对娜塔莎来说具有惊人的治愈力量。她抛弃了她以前深信不疑的关于男性、最亲近的人、亲密关系中背叛行为的故事。这是一个美好的见证过程。

显然,只有当你拥有诚实的伴侣或朋友愿意和你一起重建关系的时候,这种方法才是有效的。在进行这项练习时,你需要找到你比较了解的人,当然,你也可能被自己最想不到的人欺骗,他们可能对你说谎或误导你。

事实是有信任感创伤的人可能总觉得信任别人是在冒险,但欧内斯特·海明威的名言一语中的:"看一个人是否可信的最好办法是信任他。"这并不是鲁莽的做法，而是尝试建立信任的有益实践。

　　信任感的建立，还需要你相信自己的复原力以及提升你的洞察力。它需要你相信你在经历谎言、欺骗和背叛之后有恢复的能力。从你的经历中汲取经验，你将变得更加睿智，而不会变得更加难以相处与自我封闭。当你的周围有一个充满爱和支持的群体帮助你的时候，这就容易得多。

　　这项工作并不是要让你忽视自己的痛苦或情绪，也不是让你忽视欺骗和背叛。相反，它强调了这一观念的价值：有了爱和支持，你可以度过艰难可怕的事情。通过这样做，你也可以分辨出值得信任的人和不可信任的人，同时提升你对自己的信任。

　　我不知道世界上有没有一种能保护你不受欺骗、背叛、抛弃或误导的方法。我认为你可以尽量减少自己受到这些伤害的概率，但我不保证你绝不受到伤害。如果你以前受过伤害，你会竭尽所能地避免再次经受同样的痛苦。但是，避免信任别人，实际上不能帮助你重建信任。

　　这很微妙，我再说一遍。避免信任别人实际上不能帮助你重建信任。你重建信任的唯一方法就是试误。

　　建立信任是脆弱的行为，会令人感到非常害怕与痛苦。因为开始信任别人是很困难的，所以我经常让来访者首先要建立对自己的信任。寻找可以践行自我承诺的小方法，比如按时睡觉，喝足够的水，或者按时锻炼身体。看一看你能否信守对自己的承诺，并投入相应的精力。

如果你有兴趣尝试"信任别人,看一看他是否值得信任"的练习,我想让你想一想你在哪些方面最容易信任别人,在哪些方面最难信任别人。你可以把这些内容列出来。请注意你觉得最难信任的方面是熟悉的还是陌生的。正如我之前所说,这不是鲁莽的试误。这是有意的行动,需要你与你的创伤建立联结,把它分享给你足够信任的人,让对方进入你充满质疑、怀疑和猜忌的内心世界。

我发现,如果你想要信任某个人,让他知道你最难信任的是什么会很有帮助。如果别人嘲笑你,或者漠然轻视你,这就说明你和他们一起练习是不安全的。同样,这也不是你和刚认识的人可以分享的内容。你需要的是能让你获得关心爱护的人。无论你的创伤是什么,你与漠视你痛苦的人一起练习,并不会让你获得疗愈。下面我们开始练习。

- 当_____发生的时候,我很难相信你,原因是_____。
- 这让我想起_____,使我感到_____。
- 对我有帮助的是_____。
- 我承诺的是_____。

你第一次信任对方并体验到安全感,就开始建立了信任。当你给彼此建立信任的机会的时候,当你信任对方、对方不辜负你的信任的时候，信任就出现了。信任变成了你对当下的关注，而不是你对未来的担忧。你不再说"答应我永远不会离开"，而是说"我此刻感觉……"这不意味着一段关系永远不会结束，也不意味着你不会与某人相遇，然后选择各走各的路……不过，你可能会在仍有信任的情况下继续前进。

重建信任不是一件易事，信任不是你一夜之间就能找回来的。不过，你可以建立对自己的信任，也可以建立对他人的信任。

原生疗愈实践

我们需要继续深入。如果信任感创伤引起了你的共鸣，那下面我们一起进行原生疗愈实践。

选择舒适的姿势。你可以躺着或者坐在椅子上，你可以睁开眼睛或闭上眼睛。确保你处于安全私密的环境里。请注意：如果你正在经历创伤，一定要照顾好自己。在你进行练习时，你需要找到一个能指引你、支持你、帮你创造安全空间的人。

命名。你能回想起你第一次怀疑你能否信任别人或者第一次失去信任感的时刻吗？你还记得那一天吗？你还记得当时你在哪里吗？你还记得谁让你产生怀疑的吗？

见证。现在更加关注自己。近距离看一看年幼的自己，你当时经历了背叛、欺骗或抛弃（记住不是此刻的你在练习）。就像你在看录像里的自己一样，我希望你注意你受到背叛和欺骗时的感觉，注意你听到谎言的感觉，注意你得知父母要离开你的感觉。当你的伤心或不信任开始出现时，请注意你的面部表情，注意你肢体语言的任何变化。开始让自己去感受内在的小孩、年幼的你。

哀伤。你可能觉察到情绪开始浮现出来。你能表达出来吗？你可能已经适应了这样的生活。年幼的你不得不忍受信任感创伤，你会为当时的自己感到心痛。体会那个孩子的感受，注意你此刻想为他做些什么。他需要什么？你想抱一抱他吗？你想对他说"听到你受骗，我感到非常抱歉"吗？你觉得你必须采取哪些行动呢？只需要留意自己的感受。

你愿意在此刻停留多久就停留多久。如果你仍然闭着眼睛，在你回到房间之前再花一点时间。闭着眼睛，动一动手指尖，动一动脚趾，抻一抻肩膀。把你的手放在心口或肚子上，有意识地注意你的呼吸。思考你睁开眼睛后会看到什么。你还记得你在哪里吗？慢慢睁开你的眼睛，慢慢来。

记住，你想做几次就做几次。你可以一周之内每天进行练习，或者你可以只做一次，一年以后再做一次，五年以后再做一次。我为你感到骄傲。

转向。最后，我希望你能花点儿时间思考一下你的信任感创伤现在是如何对你产生影响的。它以怎样的方式，出现在你的哪一段关系之中？你能补全这句话吗？

如果我允许自己充分信任，如果我不为此感到恐惧，发生改变的将是＿＿＿＿＿＿。

这一周，我想让你看一看是否有新方式代替旧方式的契机。

给你的信任感创伤写一封信

这是关于信任感创伤的原生疗愈实践的最后一个练习。我发现写信具有惊人的力量。信是你可以充分表达的地方，也是你可以书写自己感受的地方。如果你有信任感创伤，我强烈建议你抽点儿时间做这件事。

我想让你给你的信任感创伤写一封信（是的，这封信将以"亲爱的信任感创伤"开头）。在这封信里，你可以对创伤表示同情，也可以对创伤采取的应对方式表示感激。但是，我也希望你能告诉它，你想找回来的是什么。你想让它了解你的哪些方面？你想让它了解你现在的生活状态吗？你不想被它掌控，你想掌控什么？直接对它说出来。开始和它建立更多的关系。治愈信任感创伤，需要创伤本身信任你，让它知道它可以信任你。

我再强调一下，这项工作不是一蹴而就的。你可能会反复地回到这封信，你可能会增加内容，你可能给你的信任感创伤写很多封信。现在就开始吧。

第 7 章　我想有安全感

作为孩子，你非常依赖父母和看护者，渴望得到安全感。你的父母应该保护、尊重、适应、引导你，并制定规则与界限，以保护你的安全。可是，正如我们所知，我们生活中的成年人并不一定总是做出正确的事情。事实上，有时候是他们错过某些迹象，才对孩子造成了伤害，或者他们对孩子粗心大意，把孩子置于危险的境地。

当然，谁也不能保证你从一出生就得到悉心的呵护，不受任何伤害。你应该得到呵护，你在家里应该有安全感，你的家应该是你可以得到舒适、安全、和平、稳定且可预测的地方。当你周围的环境充满恐惧、威胁和困难的时候，家应该是你可以逃避的地方（我不经常使用"应该"这个词，但我感到现在是使用它的时候了）。

当然，你的父母不能保护你完全不受外界的伤害，但是，当你的家人出现虐待、疏忽、剥削、霸道、鲁莽或者情感不成熟的行为时，你就容易出现安全感创伤。你知道"心在哪里，哪里就是家"

这句话吗？其实，这句话并不适用于所有人。并非每个人都想回到自己的家。有时，家就是不可预测性出现的地方；有时，家就是混乱出现的地方；有时，家是虐待出现的地方。

安全感创伤的起源

说到安全，我们一定会谈到虐待。我现在提到这些内容的原因是我希望你在阅读这一章时能照顾好自己。无论你是否经历过或目睹过虐待，阅读这些内容都可能引发你强烈的不适与痛苦。我希望你在阅读的时候留意自己的状态。

虐待

毫无疑问，虐待会造成安全感创伤。当虐待出现的时候，安全就不存在了、完全没有了。当你的家人做出虐待行为或者没有阻止别人施加虐待时，你就经历了来自家庭的重大背叛和信任丧失。正如作家贝尔·胡克斯教授在《关于爱的一切》所言："虐待和忽视否定了爱。关心和肯定是虐待和羞辱的反面，是爱的基础。一开始就出现虐待证明失去了爱。"爱与虐待是不能共存的。

我们将从家庭系统的角度审视虐待，成年的你可能在此刻发现一些真相。如果你正处于虐待关系之中，你可以寻求专业帮助。接下来，我将介绍一下不同的虐待类型，以及它们在童年时期的具体表现，请照顾好自己。

虐待的定义是：个体为了获得并保持对他人的权力与控制而使用的行为模式。虐待可以分为六类：身体虐待，性虐待，言语与情感虐待，精神与心理虐待，财物与经济虐待，文化、种族与身份虐待。所有类型的虐待都利用一方对另一方的权力和控制。鉴于成人与孩子的关系包含权力与控制的互动，这就是孩子极易受到虐待的原因。

你可能熟悉这些类型的虐待，但我认为我们有必要一起仔细研究。

身体虐待会威胁到孩子的人身安全。你或许看到父母中的一方虐待另一方或者虐待你的兄弟姐妹，你感到无助、害怕和不安全。你或许是身体虐待的对象，被迫承受着父母的愤怒以及过度反应。他们会朝你扔东西，对你拳打脚踢，或者扼住你的脖子。孩子生活在恐惧之中，等待着虐待的来临，这样的故事数不胜数。来访者和我分享过这样的故事：父母如何在他们身上按灭烟头或者父母如何用重物砸在他们的脑袋上。一位来访者甚至告诉我，他的父亲惩罚患有脑瘫的弟弟在沙发上跳上跳下。

不过，即使没有身体接触，身体虐待也可能发生：成年人做出身体威胁与恐吓的行为。比如，他们虽然没抓住你但一直追着你，或者父母堵在你的卧室门前不让你出去。你可能非常担心自己的人身安全，或者感到自己被困在那里或者受到威胁。

性虐待威胁到孩子的性安全。在美国，大约十分之一的孩子在年满18岁之前受过性虐待。不过，由于通常不报道童年性侵案件，实际的数据可能会比我们知道的更高。你可能在家里被某个人（比如父母、继父母、兄弟姐妹或表兄妹）性侵。施虐者可能威胁要伤害你或你爱的人，告诉你不要告诉任何人；他们可能说服你，你应该遭受虐待行为；他们可能告诉你，性虐待是可以接受的、正常的。你可能会害怕或者感到困惑，意识到有些事情不对劲，但仍然体验到性快感。来访者和我说过，在年幼的时候就接触色情行为是多么不舒服，继父母在没人的时候谈论性是多么不舒服。孩子性虐待包括抚摸，还包括成年人和未成年人之间或者未成年人之间发生的非接触的性行为。

言语与情感虐待是指任何试图在言语或情感上恐吓、孤立、控制或贬低你的行为。在本书前面的内容中，我提到过伤害的内容。言语与情感虐待的表现形式是挑剔、人格侮辱、辱骂你的外表或成就、公开让你难堪或对你盛气凌人。言语太伤人了。一位来访者告诉我，他的继父是他小时候的冰球队教练，经常在他的队友面前说他打球多么糟糕。有一天，他当着所有人的面对他说："你妈和你爸生孩子，真是个错误。她就不应该和你爸在一起。"这句话对他和他的母亲来说简直是耻辱。

精神与心理虐待属于情感虐待的范畴，但它的表现形式更微妙。施虐者利用心理虐待来控制、恐吓、诋毁受害者。父母可能反复威胁要伤害你、伤害他们自己或者伤害他人。他们可能严厉地指责你做的任何错事。如果你的表现不好，他们可能威胁要抛弃你，对你实施冷暴力，长时间不理你，把你上学或日常所需的东西藏起来，让你感到生气。一位来访者告诉我，她的父亲对她生气时，就会找到她的作业或作品，威胁要撕掉或弄坏它们；她的父亲会拿走她喜欢的衣服，威胁她如果不按他说的做，就当着她的面把衣服撕了。另一位来访者说，当他对父母说出自己是同性恋之后，他的父亲好几年都不和他说话。这位来访者有记日记的习惯，他发现任何一篇提到他是同性恋的日记都会被撕掉。

　　财物与经济虐待是指试图用金钱控制受害者的行为。虽然你通常认为这类虐待发生在成年人之间，但它也可以发生在父母和孩子之间。你的父母可能不让你用这些年从生日或礼物中获得的钱。他们可能偷用了你的东西，或者在你不知情的情况下用你的名字开了信用卡或银行账户。他们可能让你给他们钱，或者因为你花了自己的钱而惩罚你。

　　文化、种族与身份虐待是指施虐者利用你的文化、种族与身份施加痛苦和折磨，并控制你。这可能发生在文化和种族存在差异的家庭之中，可能是你与继父母的互动，也可能是你与收养或寄养家庭的互动。你在成长过程中可能听过文化或种族歧视的侮辱，或者家里的某个人威胁要把你赶出去；你可能由于自己的信仰遵守特定的饮食习惯或着装习俗，却遭到了家人的嘲笑或否定。一位印度裔的来访者告诉我，她的父母离婚后，母亲的再婚对象是一个白人。她的继父取笑她，总说她胳膊和脸上的汗毛太重，还说她最好刮一刮毛，否则同学会误以为她是个动物，这太侮辱人了。

此外，我还想谈一谈其他两类虐待：忽视与剥削。忽视包括缺乏应有的食物、衣服、住所、医疗和监督。忽视既可以是有意的主动行为，也可以是无意的行为。父母可能无法满足你医疗、卫生或营养的需求；可能没有照顾你或指导你，只把你留在家里；当你向他们提出情感或身体需求时，他们可能忽视了你，造成了你情感上的困扰和痛苦。

剥削儿童是指利用儿童获取利益、劳动力、性满足、其他满足个人利益或经济利益的行为。作为交换，孩子通常会得到一些东西，比如礼物、金钱、毒品、感情或地位。这有点像是某个人为了个人利益出卖你，也像是权威人物利用你为他们持有、出售或运输毒品。

好吧，深呼吸一下，这太让人难以承受了。如果你有过以上任何一种经历，无论你刚刚发现还是早已知道，我建议你可以与执业治疗师一起工作，在处理虐待的过程中得到治疗师的支持。你需要安全的空间来完成这项非常重要的工作。

鲁莽

对一些人来说，父母知道或应该知道自己的举止、行为、决定和选择可能会造成伤害，但他们依然有意忽略了实质与不可原谅的风险，这时，安全感创伤就产生了。鲁莽行为可能是父母在醉酒驾驶的时候带孩子，父母在取药时把孩子留在车里，或者父母毒瘾犯了而让孩子面临着危险（比如他们昏过去、忘了关上烤箱门，或者随意放置用过的针头或毒品）。父母的鲁莽行为会让孩子感到不安全、暴露在危险之中，容易受到伤害。

阿米尔前来治疗的原因是他总是入不敷出。他告诉我，他一直买名牌衣服和鞋子，把钱花在旅游和酒店上，给自己和朋友买各种奢侈品。他赚了很多钱，但他向我透露所有的钱都花光了。他四十九岁了，没有积蓄，这让他很尴尬。

"一分不剩。我没有存款。赚到的钱都花出去了。我一直买买买。大家以为我很有钱，但其实不是这样的。我没有攒下钱，我赚得多，花得也多，消费就像是我的第二份工作。我太惨了。"

阿米尔受够了。他一直这样生活，他有一份稳定的工作，工作了快二十年，但他没有合理的理财规划。他没有任何资产，甚至出现了负债。

"我需要你的帮助，我不知道我为什么要这么做。"他问道。

阿米尔不应该是勉强度日的月光族。他有可观的收入，却让自己的未来变得充满恐惧与压力。他有意忽略了花光所有钱带来的诸多风险。这是一种鲁莽的行为，我想知道在他的冒进行为之中是否存在着安全感创伤。

在我们深入探索他的童年时，阿米尔告诉我，他的父亲很容易发怒。我问他当时的情况是怎样的，他说这往往发生在父亲开车送他的时候。

"别人都认为我的爸爸身材高大，但人很温柔。不过，当他和我单独在车里的时候，他就会变得很愤怒，开始飙车。我是说，他在限速 55 千米每小时的道路上把车开到时速 120～150 千米每小时。他还会猛踩刹车，然后继续飙车。我求他停下来，我哭着说我很害怕。但是都无济于事。他想让我害怕，他想让我担心自己的生命。他喜欢掌控一切的感受，我理解不了他的行为。我妈不会开车，所以爸爸每天去学校接我，他一感到生气就飙车。他不一定是生我的气，他也可能生我妈的气、邻居的气、他哥哥的气。是谁惹了他生气根本无关紧要。"

阿米尔和我说完之后，喘着粗气。想起这件事，他很难过，但他还有很多话要说。"为什么他不在意我的生命呢？"他不敢相信地喊道，"为什么他不在乎他会害死我们或者让我受伤呢？"

阿米尔从他父亲的鲁莽行为中发现了安全感创伤。对你来说，这可能是父母把子弹上膛的枪放在你够得着的地方，或者是父母把毒品放在你拿得到的桌子上。在我们一起工作的时候，阿米尔开始意识到他是如何把父亲的鲁莽行为带入自己的生活的，只是他的表现与他父亲不太一致。阿米尔开始意识到他的信念是父母不在乎他的生命，如果他们不在乎我的生命，我为什么要在乎呢?

阿米尔开始过上放纵的生活。在二十多岁的时候，他喜欢冒险（参加极限运动、参加狂欢派对），但他自称是肾上腺素沉迷者，把这类行为都合理化。随着年龄的增长，他发现了一种新的风险生活方式：经济上入不敷出。不过始终不变的是，他一直接收并向自己传递一个信息：你的安全并不重要。阿米尔不知道如何关心自己，他不知道如何向自己传递这样的信息：你的生命、你的幸福、你现在和未来的安全才是优先考虑的大事。

你的过去告诉你，你的安全不是优先考虑的事情，这时，你向安全的转变并不容易。如果原初的安全感创伤源于父母，你想做出转变就尤为困难。

回顾你的童年，看一看你的家庭系统，有人对你做出过鲁莽的行为吗？让我们一起探索一下。

- 不在意我生命的人是_____。
- 我对那段经历的记忆是_____。
- 那段经历对我现在的影响是_____。

解离

解离是个体与他的身体、思想分离的心理过程。它通常被描述为个体完全与自己分离的体验，就好像虽然他的身体就在你的面前，但他的思维已经转到其他地方。虽然一些解离体验是具有适应性的，但是，适应不良的解离体验会使你远离自己。创伤专家、《身体从未忘记》一书的作者贝塞尔·范德科尔克博士认为，解离是"同时存在知道与不知道"的过程。解离可能是对未经处理的创伤做出的反应，如果你遇到过处于解离状态的人，你就会知道这种体验有多可怕——尤其对一个可能不明白发生了什么的孩子来说更是如此。

父母的状态不太对劲，孩子就会担心父母。他们可能担心父母记不住重要的细节，或者如果父母在谈话、开车或做饭时变得心不在焉，他们可能会感到身体上的不安全。

我的来访者托尼曾经对我说过，他很难与人亲近。他成年后一直单身，不愿约会。他的朋友劝他接受心理治疗，找一找背后的原因。我们花时间了解了他的原生家庭与成长过程。几次治疗会谈之后，托尼告诉我，他的父亲经常对他的母亲进行身体虐待。虐待行为是从托尼大约九岁的时候开始的，之后就变得频繁。虽然托尼从来没有看到过，但他经常看到她妈妈处于浑浑噩噩的状态。

"她人在那里，但心不在那里。她好像很遥远，没有办法把她拉回来。在此之前，她是最好的妈妈。"看着她的状态逐渐恶化，托尼感到很害怕。他在家里从来没有安全感，担心有一天父亲也会打他。

托尼求他父亲不要再打母亲了，但父亲根本不听。一直到他强壮得可以和父亲势均力敌时,他的父亲才停止了虐待行为。"我把他打倒了,他再也没碰过她。"

托尼很高兴父亲不再虐待母亲,但这并没有让母亲回来。她仍然处于浑浑噩噩的状态,这是极其严重的失去。他真的很需要她,他生气的不仅是他的父亲剥夺了母亲的活力,还让他失去了关心爱护他的母亲。

托尼担心在人际关系中爱与联结必然会消失。人际关系是令他感到不安全的地方,人们会分离,在心理上消失。为了避免再次出现他无法承受的痛苦,他选择不去约会,不去恋爱。托尼害怕失去爱人,他害怕得到了爱后又失去。他承受不了,所以他远离恋爱。托尼开始努力疗愈自己的安全感创伤,为自己重建安全感,这就是很好的开始。这样,他就可以在生活中为爱腾出空间。

你可以回顾自己的童年,看一看你的家庭系统中有人曾经出现过解离的情况吗?这段经历对你的安全感产生了怎样的影响?

- 出现解离的人是_____。
- 我对那段经历的记忆是_____。
- 那段经历让我感到害怕的是_____。
- 那段经历对我现在的影响是_____。

可怕的情况

许多安全感创伤源于虐待。父母、继父母、看护者、成年人或哥哥姐姐可能明显或隐秘地做出鲁莽、霸道、疏忽、虐待的行为。但是，你还要知道即使没有权力控制、鲁莽、忽视或剥削，家庭中也会出现安全感创伤。

有时，即使父母竭尽全力，安全感的缺失也会变得非常明显，比如孩子了解父母经济上的拮据。有时，孩子的基本需求能得到满足，但孩子可能仍然会担心父母的幸福。比如父母离异，尽管双方尽力共同抚养孩子，但孩子仍然不敢与一方分享周末与另一方度过的美好时光。有时，孩子缺乏安全感的原因是发生意外的事情（比如失去一位家长），让孩子担心最坏的情况也会发生（另一位家长可能也会去世）。

以上事例都是在父母没有操纵或控制孩子的情况下发生的。在这类情况下，父母并没有从他们与孩子的互动中获得好处，但是即便父母把每件事情都做对了，孩子仍然可能产生安全感创伤。

阿莉娅的安全感创伤源于她年幼时的一个晚上。她的父母外出吃饭，让她的祖母照顾她。她的祖母突发严重的中风。阿莉娅告诉我，尽管她只有九岁，她还是抬起祖母的头部，试图让她保持稳定，并拨打911电话，在医护人员到达并协助他们后，她的祖母康复了，但这件事让她太害怕了，她以后再也不想独自待在家里。

成年以后，阿莉娅成功地避免了独居的生活。她一直有爱人在身边，她一直恋爱，没有一日间断过。她并不以恋爱为乐，但是，当她和一个男人分手的时候，她会迅速和另一个男人发展新恋情（她的"备胎"），这样她就可以和这个男人生活在一起。尽管她谈过恋爱，但是她说自己从来没有真正爱过别人，她说自己的恋爱行为让她深感羞耻。她为什么要这么做？

随着我们进一步的探索，阿莉娅开始看到祖母可怕的病情造成了她的安全感创伤，而这一创伤导致她优先考虑同居，而不是建立感情。这种冲动把她推入一段她的需求、渴望与爱情都不重要的关系之中，她的重点是"达成协议"，并尽快住在一起。她从来没有停下来思考过对她来说在恋爱关系中重要的是什么，为了避免独自生活，她一直维持着对她不利的关系。

我记得当我们把安全感创伤的事件连起来的那一刻，她惊讶得下巴都要掉下来了。她很快领悟，并做出了改变。她的行为目的并不是做出鲁莽的决定，而是给自己创造安全感。如果她有随叫随到的男友，就不用独自应对像她祖母那样的可怕情况。她的自我批评变成了自我同情……带着更强烈的自主性。

在成长的过程中，你有过（在没有被别人控制的情况下）缺乏安全感的经历吗？发生了什么（不是任何人的错，但仍然让你感到不安全的）事呢？

- 在成长过程中令我害怕的一件事（不是任何人的错）是_____。
- 这件事对我产生的持续影响是_____。
- 这件事对我现在生活的阻碍是_____。

应对安全感创伤

缺乏安全的家庭环境会让你失去一些东西，它改变了你。可是，你在成长过程中对不安全感的应对方式不一定就是你今天的生活方式。

当然，这是个可怕的世界，你遇到的人不都是安全的。不过，你要能区分出哪些人是有威胁的，哪些人是没有威胁的。这是你需要提升的能力。我知道有些人确实会给你带来痛苦，但也有人想成为你的避风港与安全基地。我知道你很难相信这一点，但我们看一看是否有办法朝着这个方向迈出微小的一步。

生活在恐惧之中

许多孩子生活在恐惧之中。一些孩子担心自己的人身安全，而另一些孩子害怕让父母失望。他们担心与看护者分享自己的情绪会受到训斥，或者担心设定界限会受到嘲笑和羞辱。在不安全的家庭环境中，生活在恐惧之中可能意味着你害怕别人对你的反应、回应、评判、羞辱、嘲笑和否定。

  这可能会向你揭示很多问题。你也许想过自己是在恐惧中长大的,而在我遇到美代子和金的时候,他们从未想过,甚至不知道自己的原初创伤。

  美代子和金都是三十五岁左右。他们在一起已经四年了,美代子很想订婚。金对美代子的最后通牒感到厌烦,我感觉到他们的要求似乎正好相反。尽管如此,美代子认为这不是最后通牒,只是设定界限。他们都想要孩子,他们彼此相爱,他们有相似的生活愿景,但如果金不打算和她共度余生,她觉得自己要继续过自己的生活了。

  我很快就了解到近一年美代子总是在下最后通牒／设定界限。仅仅一年就有五次最后期限:情人节、她的生日、对方的生日、他俩的巴黎旅行(她梦想着对方能在埃菲尔铁塔前向她求婚),还有感恩节。每一次期限来了又走,他都没有求婚。这对美代子来说是致命的打击。她收拾行李,去朋友家住了几天,开始物色新公寓,与金分手,但最终她还是会回来,想再试一次,她说这是"最后一次"。

  我很快还了解到大约一年以前美代子失去了工作。她告诉我这对她来说有多么艰难。她非常喜欢这份工作,但是她的表现没有达到公司的预期,她就被解雇了。这对美代子来说也是毁灭性的打击。她觉得很尴尬,除了金之外,她没有告诉任何人。她没有找到新工作，一整年都处于失业的状态，假装自己还在做上一份工作。可是她的内心非常纠结。每天晚上，金下班回家，她就对着他哭泣，向他寻求情感支持。几乎每天，她都需要对方的认可和鼓励。

"这对你有什么影响，金？"我问道。

"我愿意支持她。我们一起渡过难关，但这种情况持续一年了。她还要失业多久呢？她还要继续假装工作多久呢？我还得假装她还在做上一份工作，这让我感到很尴尬。"

美代子马上还嘴："这就是你不想娶我的原因吗？这就是你不愿意订婚的原因吗？"

当时，金还不知道原因，但他知道自己还不太想结婚。她的工作情况让他倍感压力，他承认他会晚点下班回家。"每天晚上回家，听她说同一件事，我受不了了。你很纠结，我懂你的意思，但你不想得到任何帮助，也不想做出任何努力。你只是想让我听着，可我太累了。这让我很疲惫，也让我很焦虑。"

我很清楚金对扮演情感支持者的角色有过度的反应。当我问起他父母的关系怎么样的时候，他小心翼翼地回答说他们彼此尊重。他们不爱对方，只是一起生活，对彼此没有过多要求，但他们照顾金和金的妹妹。接下来，我让他讲一讲他母亲的情况。

"她不爱说话，但她工作真的很努力，培养了我良好的职业道德。"

美代子突然插进来："金，你能和她说一说自杀的事吗？"

金在思考要不要和我分享私事,我和他们默默地坐在一起。

金抬头看着我。他需要在我的脸上找到一些安全感。我微笑着点了点头,示意无论他分享什么内容,我都可以接受。

"在我十三岁的时候,我妈妈第一次威胁要自杀。她身体不好,生活得不开心,和我爸的关系也不好。我十几岁的时候,她就开始和我说一些不适合的事情。我觉得她认为我是青少年,不再是小孩子了,她觉得我能处理好,于是把事情扔给了我。"他花了些时间才让自己平静下来。

"她经常威胁要自杀,每隔几周就会重复一次。她不是自己默默地想一想。她在心烦意乱的时候会和我说要自杀,还和我告别。我就得哭喊尖叫、百般哀求,守在她的身边,确保她没有自杀。她从来没有真的自杀过,但多年来她一次次地威胁要自杀。"

我看到美代子攥紧了金的手。他低着头,哭了起来。

"金,你肯定吓坏了,太可怕了。你总担心妈妈的生命,每次都得靠你来拯救她,让你感到不堪重负。"

他点了点头。

对金来说,家庭不是安全的环境。家庭让他扮演着母亲情感看护者的不恰当角色。他必须时刻保持高度警觉,他要随时待命。如果你曾经看到你爱的人生活在巨大的痛苦之中,你就会知道这有多么可怕。金非常爱他的母亲,希望她安全,但这不应该是他扮演的角色。金从小就生活在恐惧之中。没有人知道这件事,他既害怕又尴尬，不愿和别人提起这件事。

我们沉默了一会儿，承认了金在房间里感到的真实感受，并探讨了金在结束治疗后需要什么。金刚刚命名了安全感创伤，他开始意识到自己在家里是多么不安全。他不相信他的父亲能承担一定的责任，也不相信他的母亲能得到自己所需的支持和照顾。反复的威胁让金特别担心母亲会伤害她自己，如果他不去制止，他就认为自己失职。金没有意识到自己经历过这样的虐待，这正是理解他抗拒求婚与结婚的关键。

尽管美代子和金的母亲不同，但她们有一些共同之处。金害怕成为美代子生活中唯一的情感支柱，就像他成为母亲的情感支柱一样。他担心美代子没有得到她度过这段艰难时期所需的帮助和支持，他对这种感受再熟悉不过了。

当你的家庭环境要求你留意自己或他人时，你就不可能有安全感。你会发现自己很难有安逸、平和、快乐或愉悦的感觉。你要么处于等待模式，要么处于保护模式，无论哪一种模式，都让你无法休息、恢复、放松或自在。相反，你总是处于高度戒备的状态，等待下一个威胁的出现。威胁信号可能是一罐啤酒被父亲打开了；可能是你的母亲要上夜班，让你和虐待你的继父待在一起；还可能是你在楼下听到的喊叫声，或者你父亲扬起的眉毛。家从安全变成不安全的触发点是什么？

家应该是你可以休息的地方，是你可以卸下盔甲、重新恢复的地方。不过，对很多人来说，家不是休息之所，可悲的是，对于大多数有安全感创伤的孩子或成年人来说，家是他们最感到害怕、孤独的地方。

封闭

威胁、未解决的愤怒、毫无根据和不必要的指责、刻薄的评论和引发焦虑的经历是许多孩子希望摆脱或忽视的事情，这些事情都可能是极有威胁性和不舒服的，让他们感到家庭环境是不安全的。

你的父母也许总评论你的外貌，让你感到很不舒服，于是，你开始穿着宽松的衣服，把身体遮起来；你的父母也许经常吵架，吼叫声和吵闹声让你在家里没有安全感；或者你的父母总是感到恐慌，让你觉得可怕的事情总会发生。

这些经历会剥夺你存在、感受、表达与情感的空间。你的反应往往是封闭自己，而不是敞开心扉面对你感到的痛苦。

我记得我和艾丽刚开始治疗的时候。艾丽坐在沙发上说："是时候了。"

"是时候做什么呢？"我问。

"我需要学会告诉别人我的感受。这对我来说太难了，如果我弄不清楚这个问题，我就永远留不住我的恋人。"

艾丽二十五岁，是一名住在纽约市的年轻职业女性。她的女友刚和她分手，这不是她唯一一次分手，她的恋情总是这样结束。艾丽坦白她从来没有提过分手。"别人总是离我而去。她们离开我的原因是她们说我不够脆弱。"

我看得出来，艾丽对此很恼火。她同意前任女友的反馈，但她不喜欢这个反馈。

"这些反馈有哪些地方让你不舒服呢？"我问。

"我觉得这意味着我必须变得脆弱，对吧？如果她们离开我的原因是我不愿意分享我的感受，我就觉得我应该开始这样做。"

"那倒是，"我说，"不过，我想我们不是要粗暴地强迫自己变得脆弱，而是探究一下你为什么很难接受脆弱。"

艾丽的抗拒就是我们的霓虹灯。这暗示创伤就在附近，我们需要一起探索。

"当我提到'脆弱'这个词时，你首先想到的是什么？"我问。

"分享自己的感受？"她试探地回答。

"太好了，"我说，"你能说一说你在成长过程中和家人分享自己感受的经历吗？"

艾丽对我说，脆弱让人感到不安全。她一直很纠结，尽管她从多位前任那里得到同样的反馈，但她仍然不愿意分享自己的感受。尽管封闭和不分享使她失去了安全感（分手），但也保护她远离某些事情。不管这些事情是什么，它比维持关系更重要或更强大。她的保护模式正在发挥作用，我知道这肯定是有原因的。

艾丽最终告诉我一个令人崩溃的故事。"当时我十二三岁，我记得这件事第一次发生的时间。我们一家人一起坐下来吃晚饭——我妈、我爸和我——我爸会问我学习怎么样,过得怎么样或者只是问一问我生活中发生了什么事。有一天,我刚回答了他的问题,我妈似乎精神崩溃了。她冲着我尖叫'别再和我丈夫调情了'。然后她站起来,怒气冲冲地走了。我和爸爸面面相觑,不知道她怎么了。这太不真实了。我知道我爸和她谈过这件事,但她没有向我道歉,也没有承认错误,这种情况持续发生了几个星期。每天晚上吃饭的时候,我妈总会小声地对我评头论足。如果我爸问我一个问题,或者对我的生活表现出任何兴趣,她就说我'在调情'这样可怕的话,或者她会说她不敢相信我会被他吸引。"

这是一个极其痛苦的故事,令人深感不安的故事。从专业上讲,艾丽的母亲患有精神疾病,分不清什么是真实的,什么是虚假的。尽管艾丽和她的父亲知道有些事情不对劲,却没有重视她母亲心理健康问题的严重性。

我问艾丽是否知道她母亲的过去。她说她的母亲在十几岁时曾被性侵,这件事一直没有得到解决。"我知道我妈妈从来没有解决过它。她只是封闭自己,从来不讨论它,从来不处理它。这很可怕。我无法想象她经历了什么,但她的痛苦和创伤就这样倒在我身上,这是不对的。"

艾丽的母亲在十三岁的时候遭受过性虐待,因此,当艾丽十三岁时,她母亲就变得高度警觉。她的指责似乎是艾丽正在试图进行不当性行为。我们从来没有让艾丽的妈妈一起参与治疗，但我们怀疑她把她的自责投射到艾丽身上。艾丽的母亲认为艾丽要为她所承受的虐待负责吗？她是不是因为自己的创伤没有得到解决，才会以莫须有的事情责怪艾丽呢？这都是艾丽考虑过的问题。

你可以看到痛苦是如何代代相传的，以及未解决的心理健康问题是如何在家庭中造成严重破坏的。尽管艾丽没有被性虐待，但母亲过去受到的性虐待却主导着这个家庭的氛围，让艾丽感到不安全。艾丽母亲的愤怒、未解决的创伤以及对艾丽的无端指责一直存在。即使母亲不再指责艾丽，艾丽也不愿意和家人待在一起。"我找各种理由，不和他们一起吃晚饭，尽量不待在家里。我感觉她盯着我，随时可能对我发火。我的爸爸真的什么也没做。他只会让我不要担心。于是，我学会了闭嘴。我不明白为什么妈妈当时这么恨我。直到后来，我更了解她的过去，我才开始明白其中的缘由。"

艾丽摇了摇头，"这就是你认为我很难表现出脆弱的原因吗？"

我想象到一个年幼的女孩必须对抗并躲避情感的枪林弹雨，这个故事让我感到难过。不过，当艾丽找到自己的原初创伤时，我还是忍不住微笑。"艾丽，我觉得你自己把一些事件串联起来了。"

家没有给艾丽留出成为自己、分享日常体验或者和父母进行正常适当的对话的空间。她很快就意识到开放和分享并不安全，原因是她的母亲每天都会攻击她。艾丽知道安全就是保持封闭的状态，分散自己的注意力，把自己的生活安排得满满当当，尽量不与父母接触。她变得高度警觉，从不看父亲，在家庭出游或活动中从不坐在父亲的旁边，母亲在身边的时候也从不问父亲问题。艾丽已经破解了密码：她找到了保护自己的方法，但这需要她保持安静，封闭自己，不分享任何东西。

当然，艾丽的故事就像我所有来访者的故事一样，都是独特而个人化的。你的父母可能没有像艾丽母亲一样的创伤，或者没有以完全相同的方式转移他们的痛苦。但是，你的父母可能无法处理你的伤心或哭泣。如果你不是他们所期望的"完美小孩"，父母会做出强烈的反应。你的父母可能会强迫你同意他们的信仰，只在你穿着特定的服装或保持特定的发型时才会关注你，或者反复说你应该学习你的兄弟姐妹。

这就不奇怪为什么孩子闭口不言或者知道分享自己是不安全的了，也就不奇怪为什么孩子长大之后不敢敞开心扉，或者与那些不该倾听他心声的人过度分享自己的感受了。

如果你很难敞开心扉和他人分享自己的想法，你可以思考一下是不是安全感创伤在起作用。花点儿时间关注你的故事与生活。如果你和别人分享你的想法、情绪和感受，你觉得将会发生什么？你只有在分享某些事情时才感到舒服吗？你难以反对别人的意见或表达不同的意见吗？如果你回顾过去，你能在原生家庭中找到让你不敢自由表达的人或事情吗？

艾丽看到了她的安全感创伤是如何阻止她向生命中重要的人袒

露心声的。过去的创伤夺走了她想从人际关系中获得的联结、存在、承诺与快乐。或许对你来说也是如此，在保护自己的同时，你切断了自己与他人（关心你、爱你、愿意了解你的生活与内心世界的人）的联系吗？

治愈安全感创伤

当你年幼的时候，你不相信别人优先考虑你的安全；为了生存，你会以自己需要的方式适应。有安全感创伤的孩子长大以后成为难以信任他人、信任自己的人，或者他会不遗余力地为自己创造某种安全感，但这种安全感容易妨碍他们获得他们想要的联结、亲近与亲密。

阿米尔、托尼、阿莉娅、美代子和金、艾丽竭尽全力，但他们为自己创造安全感的方式却在他们的生活中造成了人际上的疏离。当你不惜一切代价保护自己的创伤时，创伤就无法得到治愈——获得保护通常是以牺牲生活中的其他重要目标为代价的：婚恋关系、联结、亲近和亲密。

治愈安全感创伤是复杂的过程。正如你看到的那样，治愈需要你能分享自己的故事，这是本书中每个人已经学会的事情。不过，分享故事也需要分享者和倾听者之间的信任。这就是为什么对个体来说治疗是美好的开始。来访者和治疗师之间的关系是神圣的。所以，这么多忍受可怕事情的人选择在治疗室开始练习开放与分享，得到他人的见证与尊重。

在这样的经历中，你开始体会到真正的安全是怎样的。正如亚历山德拉·所罗门博士所说："不幸的是，信任和创伤是相辅相成的。"这句话的意思是如果你要开始治愈创伤，它将要求你的信任，当你的安全得不到保障时，信任就会破裂。这是一个大胆勇敢的决定。

阿米尔、托尼、阿莉娅、美代子和金、艾丽有一些共同点。我与他们建立了足够安全的关系，于是他们开始分享自己的故事。美代子和金也是彼此的支持者。你可以从婚恋关系、治疗关系、朋友关系等关系中看到充满关爱的关系互动，这是一种强大的治愈力量。这项工作可能很难单独完成，这就是为什么我鼓励人际关系治疗的原因。

如果你在寻找自己可以独立完成的方法，我建议你试一试正念练习。我下面介绍一种练习方式。当你为自己创造安全感的时候，这在很大程度上需要你让自己的身体体会到安全是什么，而不是告诉自己安全是什么。"具身自我调节"是由心理学家凯瑟琳·库克-科顿提出的术语，指的是通过正念练习（而非理性分析）调节自己以及情绪的体验。它让你能感到你什么时候是安全的，什么时候是不安全的。

这里我提示一下，如果你确实有创伤，正念练习会让你感到非常有挑战性和不舒服。这种情况并不罕见。不要强迫自己，听从自己身体的感受。在治愈安全感创伤的时候，你需要花时间建立必要的安全，并且你可以与创伤治疗专家一起工作。我很欣赏加博尔·马泰博士对创伤的描述，他坚称"创伤不是发生在你身上，而是发生在你的内心之中，它是发生在你身上的事情的结果"。

与自己建立联系、与他人建立联系，本身就是一种治愈。你能开始书写新的安全感故事是一种深刻的体验，你能在自己身上以及你所选择的关系中找到安全感也是一种深刻的体验。这是值得努力的目标，也是你会反复进行的美好工作。

原生疗愈实践

你在前几章学到的原生疗愈实践也同样适用：命名、见证、哀伤和转向新行为。不过，你的创伤很可能就在你的身边，因此，在这种情况下，请你照顾好自己。你可能不想进行原生疗愈实践，或者等到你可以与擅长创伤治疗的治疗师一起练习时再开始，这样你能得到适当的照顾与支持。

此外，我提供了引导式冥想，目的是帮助你体验身体的安全。

原生疗愈实践：引导式冥想

这项练习的目的是感受身体的安全，而不是思考安全是什么。

在家里找一个舒适安静的地方，最好能保护你的隐私，以放松的姿势坐着。我建议你闭上眼睛，但是如果你觉得睁开眼睛更安全，那就睁开眼睛。挺直身体，保持你的姿势，同时你身体的前部是柔软的、开放的、松弛的。让自己感受背部的力量和前部的松弛。

现在注意你的呼吸。注意空气进入身体，离开身体。没有必要强迫它，只需要让自己观察吸气与呼气的起伏。这时，把你的注意力和意识放在你的眉毛和眼睑上，放松你的眉毛和眼睑。放松你的脸部，让面部的肌肉变得柔软松弛。松弛地进行呼吸，注意与放松相连的安全感。

现在，让你的意识更加深入，让它下沉到胸部，与你心脏的顶部建立联结。注意你身体这一部分的空间和感受。感受心脏顶部的力量和安全感，让它成为你胸部的安全港湾。这时，把你在心脏顶部感受到的安全感放大，让它在你的胸部占据更多的空间，形成更深层的轻松、安全、纯粹的感受。

当你与呼吸联结的时候，让你的意识进一步深入身体，进入你的腹部，让你的意识停留在你的横膈膜（也就是你的腹部和肋骨的交界处）上。同样与呼吸联结，感受你身体与存在的核心力量。深深地吸一口气，让空气占据你更多的身体，让你与身体的核心联结，让呼吸进入由联结内心力量带来的安全感之中。保持与内心力量的联结，并在与之联结的过程中找到轻松与安全的感觉。保持呼吸，在这里停留一会儿。

最后，让你的意识与呼吸更加深入你的身体，停留在你骨盆的底部。感受在身体深处的扎根力量和内在安全。与这里的空间联结，放慢自己的呼吸，让呼吸自然沉入身体并自由降落。花一些时间，想象你身体的本源与你的座椅相连，延伸到你脚下的地面，然后扎入下面的土壤里。当你允许安全感席卷你的时候，请继续保持呼吸。感受你本源扎根的过程、你核心的力量、你宽广的内心，让你的身体充满力量和放松。当你这样呼吸的时候，让这种安全感扩展到你的身体里。让它进入你往往感觉不安、紧张、忧虑的空间或者你一直恐惧的地方。让你的安全感延伸到身体的各个部分，占据更多的空间，让呼吸进入你的手臂、手腕以及双手。让安全感沿着你的大腿、膝盖、小腿以及双脚，向下移动到你的脚趾，然后再向上移动，一直移动到你的头顶。让这种深刻的安全感蔓延到全身，让这种感觉（无论你哪个部位体会到的感受最强烈）烙印在你的身体记忆里，成为你在需要时可以重新回来的地方。让自己在这种感觉中放松片刻，享受呼吸，享受力量和柔软。在你准备好的时候，慢慢回到你的周围环境里，保持与身体安全感的内在联结。

第三部分

改变人际关系行为

第8章　驾驭冲突

你的创伤蕴含着大量的信息。在前几章，我们努力从这些创伤中获取有价值的信息。审视过去的经历是一个痛苦而有力的过程，我们能获得当下的领悟。这是令人兴奋的部分。现在你可以把所有学到的知识应用到你现在和未来的关系之中……最终转变成更健康、更令人满意的行为。

对于我们来说，最适合把来之不易的自我认识付诸实践的地方是审视冲突——冲突是我们所有人际关系中的常态，也是我们善意的初衷开始消退的时刻。

我们都参与过冲突，为什么它看起来充满了危险呢？首先，大多数人不是在健康的冲突模式中长大的。如果你在成长的过程中经历了由冲突带来的控制、有条件的爱、虐待、分心和羞愧，你可能就没有掌握解决分歧的建设性方法。这意味着你陷入冲突的时候，不健康的行为往往成为你卷入或回应冲突的首选方式。你可能效仿了你所看到的应对方式，或者不惜一切代价避免冲突，结果产生了一系列始料不及的问题。

不过，冲突也是一种建立联结的尝试，我知道这听起来很奇怪。虽然冲突是很糟糕的尝试，但也是一种尝试。想一想你为什么一次次挑起同样的争吵，你希望会发生什么？你希望在争吵结束时彼此更疏远吗？你期待着在争吵结束后感到更加悲伤吗？当然不是。你希望对方最终能听到你的诉求，理解你努力想表达的意思，能意识到你一直忍受的痛苦，并做出必要的改变。

尽管这听上去很奇怪，但冲突确实是建立联结、保持亲密以及治愈原初创伤的途径。关键的是我们需要学会参与冲突的方式：要么承认已经被激活的创伤，要么一开始就避免激活创伤。我们需要进行建设性冲突。

建设性冲突是指你有意识地让对方看见、听到或理解你，同时，你也看见、听到或理解对方。这往往出现在你知道自己真正的情感需求、同时明确了解对方（冲突的另一方）想要的结果的时候。

你可以这样认为：引发冲突通常是消除你和对方之间某种差距的方式。你是消除差距，还是扩大差距呢？这取决于你在多大程度上有意识地（而非无意识地）参与冲突。

有意识地参与冲突，说起来容易做起来难。我一直在实践，但有时根本做不到。我反而会证明并更坚持自己的观点。我与你分享这一点的原因是想告诉你"你的目标不是追求完美"。你的目标是，每一次你发现自己陷入冲突时，你都能更清晰地认识到这一点。你是人，仍然会遇到让你发火的事情。切合实际的自我期待对你的成长来说是很重要的。

接下来，我们仔细看一看如何实现治愈。治愈是可能的。

我想被看见、听到和理解

除了那些无法共情的人，我遇到的每个人几乎都希望自己被看见、听到和理解。不过，当他们得不到的时候，就很容易产生冲突。

被理解的核心是被深入了解的感觉。如果你曾经有过被理解的感觉，原因可能是你觉得对方真的对你本人以及你要说的话感兴趣，这会让大多数人感到自己很重要、受重视、被优先考虑，以及体会到安全感。对方可能会非常关注、继续追问，没有表现出任何防卫或过度反应，并将他们听到的你的话反馈给你。被理解是一种美丽而深刻的体验。但是，如果你很少遇到这种情况，你可以想一想你没被理解的时候，并思考一下当时最突出的情况是什么。

在你的成长过程中，你可能遇到过诸多不被理解的时刻。父母可能对你说了伤人的话，可能对你的生活不感兴趣，可能在你说话的时候忽视了你。他们可能完全否定了你的观点，或者告诉你"孩子应该被看见，不需要被听到"。他们可能批评你和他们之间的差异，不会花时间去了解真实的你以及你的梦想。当你表达自己想法的时候，他们可能变得戒备，把你的感受归结到你的身上，指责你很难相处或者毁了你们共处的时光。

来访者卡莉告诉我，父母认为她应该和她的哥哥姐姐一样外向开朗，经常迫使她学习她的姐姐。"我告诉他们我是个内向、高度敏感的人，他们从来不听我的。我一遍遍地告诉他们，但他们根本听不进去。"

当然，父母偶尔抓不住重点是意料之中的事。他们不可能完美地看见、听到以及理解所有事情。他们的话不一定都对，他们也不会留意他们听见的所有事情。不过，他们表达担心、指出差异、提出期望的方式起到了重要的作用。你的父母可能不赞成你所做的事情，但你仍然可以感到自己被看见、听到和理解；他们可能不支持你所做的决定，但可能理解你做决定的原因；他们可能不赞成你选择的生活方式，但仍然会听你把话说完，并接受你的决定。

有时，父母真的做错了。有时，父母优先考虑自己，这妨碍了他们看见、听到并理解孩子。父母也有自己的创伤与局限性，如果他们的创伤得不到解决，最终会把这些痛苦传递给我们。如果我们想把冲突转变为联结、亲密与治愈，那么，我们必须了解我们目前的冲突模式是如何以我们的创伤为基础的。

简而言之，我们的创伤与我们参与或引发冲突的方式有密切的关系。

冲突是如何开始的

引发冲突的方式是无穷无尽的。如果我让你想出所有令你烦躁或敏感的冲突事例，我猜一定能想出很多事例：你被批评时，你要求的事情被忽视时，你被控制、被瞧不起时。

你有没有注意到以上例子的重点都是别人的行为？乍一看确实如此。不过，其实冲突可能是由你或者对方发起的。冲突不一定是因为你周围的人做了不太好的事情，有时冲突出现的原因是你有不良的应对模式。确实如此，不过我知道你是来寻找解决办法的。

不管你是为了回击而卷入冲突，还是你主动挑起冲突，主导这场冲突的是你的情绪反应，如果你表现得不太在意，这一反应很快就会打乱彼此的沟通。这通常是在冲突开始时创伤被激活的结果。正如你所见，如果你首先顾及自己的创伤，并承认创伤背后的情感需求，你就可以开始摆脱条件反射式的反应，转向真正被看见、听到和理解的行为方式。

不过，我们可以看一看冲突是如何被引发的，以便更好地理解我们对创伤被激活的过度反应是如何使我们逐渐迷失方向的。下面的内容是以约翰·戈特曼博士有关"末日四骑士"的概念与婚恋失败的四个征兆为基础的。你可能在以下五种场景中找到自己的影子，所以请做好安全防护，善待自己，不要掩饰将要被揭示的事情。

停止批评

"我不知道我们怎么办。我没办法了。"一天,维罗妮卡前来治疗,她很沮丧,担心她的男友要和她分手。

"我的要求特别简单,他却小题大做。我受够了。昨天我让他来我家之前取一下外卖,然后我又给他打电话,让他路过杂货店买点第二天早晨我要吃的东西。多大点儿事儿,就买四种东西,这样我就可以早晨吃早餐、喝咖啡了。"

维罗妮卡给男友安排任务,是她想让对方证明她有价值的一种方式:如果他顺路帮我买东西,这就证明了我是有价值的,我很重要,他愿意做我安排的事情。这为"我有价值"提供了佐证。

不过,当维罗妮卡感到对方的抗拒、推脱以及设定的界限时,她的价值感创伤就被激活了。她向我抱怨道:"他说自己工作了一整天已经累了,取了外卖就没时间去杂货店了。多么自私啊!这能花多长时间呢?我觉得最多二十分钟!"在对我讲这件事的时候,她又开始激动起来。

维罗妮卡的男友不明白这个要求背后的含义,也不明白为什么她这么介意他在工作一天之后拒绝买东西。他认为她的要求很过分,可能会想:你明知道我工作一天很累了,为什么还要让我做别的事?你明天不吃这些东西也没关系啊。他设定了界限,引起了连锁反应,导致冲突升级。结果是:维罗妮卡的价值感创伤立即被激活，触发了她的保护反应——她变得敏感与有攻击性，在对方无法理解的情况下开始吵架。

这看似是一件小事——他拒绝了顺路给她买早晨需要的咖啡套餐，导致维罗妮卡和男友之间发生了激烈的争吵。之后，冲突开始升级。维罗妮卡开始批评男友，不单单是这件事，还有他的性格以及为人处世的方式。正如我们所知，攻击他人的性格可不是闹着玩儿的事，它非常伤人。在冲突中，这会让关系开始破裂。许多人在一直受批评之后变得很有防御性，这也不难理解，不是吗？你越批评对方，对方就越拒绝你、自我辩护或者反击你。

在维罗妮卡的例子中，她和男友陷入了不断升级的批评—防御循环之中。她侮辱他的人格，而他自我辩解。之后，他们不断地指责对方。这持续了好几个小时，没有解决任何问题。你以前遇到过类似的情况吗？你情绪失控、精疲力竭，却让你感觉与恋人更加疏远。此外，它还会让你怀疑周围的一切。

我理解为什么维罗妮卡会担心他们的关系。她和男友发现自己经常陷入这样的循环，冲突使她疲惫不堪。她不知道的是，冲突还让她的价值感创伤疼痛起来。不过问题是：如果我们一开始都不知道自己的创伤被激活，就更不要谈治愈创伤了。

我让维罗妮卡冷静下来，问她是否能识别出在冲突开始之前，她的哪个创伤被激活了。维罗妮卡很久以前就识别出自己的价值感创伤，所以她很熟悉这个问题。

"我知道被激活的是价值感创伤,不过,哪件事情让我质疑我对他的价值呢?"她问道。

"嗯,当他拒绝给你买东西的时候,你有怎样的感觉呢?"

"我很不高兴。但你指的是什么呢?"

"你的价值是否取决于别人是否为你做事呢?"我问,"你是根据别人为你做事的意愿来决定自己的价值吗?你的价值是基于无论你如何逼迫、考验或试探他们,他们都对你不离不弃吗?"

我说出了自己的看法。维罗妮卡可以看到,当男友拒绝的时候,她的价值感创伤听到的是:我不做,因为你不值得我为你做这些事情。她没有说出来,而是直接进入了攻击模式。她没有看见、听到并理解自己。她直接想让他道歉,让他承认自己是错的、她是对的,让他请求她的原谅。这是她为了让对方看见、听到和理解她所做的尝试——只是她的尝试彻底失败了。

批评不会让你达成心愿,只会让你感到事与愿违。批评不会鼓励别人看见、听到和理解你,相反,它会使别人更加保护自己,不和你合作。冲突没有变成人际的联结,而是造成了人际的疏远。

你最近一次批评别人是在什么时候呢?哪个创伤被激活了,让你开始批评别人呢?在批评的背后,你想表达的是什么?

你最近一次受到批评是在什么时候呢?你认为被激活的创伤是什么?你是如何回应那些批评的?你想传达却没说清楚的信息是什么?

停止防卫

"我就不应该回家过节。"

我从圣诞节前就没有见过艾丽了,这是我们新年后的第一次治疗会谈。艾丽就是那位在十几岁时被母亲指责她与父亲调情的年轻女性。

这几个月以来,艾丽一直在考虑要不要回父母家住几天,和他们一起过节。她母亲的精神病发作与无端的指责已经过去十年了。她的母亲经过多年的自我疗愈,与当年已经大不一样了。因为艾莉一直探讨脆弱的话题,所以她想回家和母亲一起分享她的成长经历。她以前从来没有跟母亲说过这件事。

艾丽知道这样做是有风险的。我们为这次谈话做了准备,讨论了期待、恐惧、不安全感和最坏的情况,但艾丽觉得自己已经准备好了。

"怎么了?"我问。

"我做了我们谈到的所有事情,但她马上开始为自己辩护。我根本没有批评她。我和她分享了我的成长经历,告诉她当她指责我调情的时候,我有多么害怕。我甚至说,我理解她的原因,理解她的性创伤有多么痛苦。但她不想听,她不停地把话题转到我身上,说我记错了,说我的童年很美好,说她牺牲了很多,说她是难得的好妈妈,说真没想到我是个白眼狼。我和她聊了一阵子。我一直想让她知道这段经历对我来说有多可怕,但她就是听不进去。"

防卫是一种逃避权利、责任与义务的行为。它通常包括找借口,转移焦点,声称自己是无辜的,或者采取其他可能逃避责任的行为。

从富有同情心的角度来看,防卫是一种使自己免受批评的尝试,甚至可能是一种改变别人对你看法的尝试。如果哪个人说出贬损的话,你可能说:我不坏,我不自私,我不是怪物。不过,批评与防卫只会让你陷入恶性循环,损害你与他人的关系。

我能想到当艾丽谈到她童年被无凭无据地指责时,母亲的防卫反应令她多么失望。尽管我们已经事先做好多方面的准备,但艾丽感到伤心失落。她希望妈妈能承认她的痛苦。她认为在理想的状态下她会得到母亲的道歉与承认,而她得到的却是母亲的防卫。

"你是怎么回应的呢?"我问。

"一开始我的声音越来越大,只是想说服她。显然这行不通,但我控制不住自己。我对她不停地叫嚷,让她听我说,但最终我还是放弃了。她的防卫就像是攻击。我改签了第二天早上的航班,我急切地想要离开。"艾丽遇到了母亲的阻力。她试了不同的适应策略,从善意体贴、说话慎重,到声音越来越大,试图说服母亲,但一点效果都没有。这些方法都不能让她得到母亲的看见、听到和理解,最终她只能离开。

有时,最初造成创伤的人会激活同一创伤。艾丽试图修复她与母亲的关系。她的一个治疗目标是变得更加脆弱，艾丽真的希望母亲能理解她在自己的成长过程中产生的影响。

"如果我能让她明白这一点，就太好了。"

艾丽想向母亲袒露自己的创伤，希望母亲能放下防卫，理解女儿的痛苦。可是，她的母亲做不到。与和艾丽建立联结相比，她更需要保护自己；与理解女儿的痛苦相比，她更需要挽回自己的母亲形象。

"我怎么才能避免冲突呢？难道我再也不见我的父母了吗？"艾丽问道。

在一些情况下，你确实可以不再和别人来往；在更多情况下，你的治疗目标是你要接受"别人不会改变"的事实。有时，你的治疗目标是改变你与那个无法改变的人之间的关系；有时，你的治疗目标是放下你对他们看见、听到并理解你的希望，然后选择如何继续发展这段关系。

不过，在我们找到解决办法之前，我想让艾丽看一看她的安全感创伤是如何被激活的。她母亲的防卫变成了对她的折磨，转移了艾丽对脆弱、安全感需求以及她想让母亲了解自己过去痛苦的渴望。她母亲的防卫激活了艾丽的创伤。她想要关注自己的脆弱，但最终卷入了冲突：她开始大喊大叫，封闭自己并尽早离开。

"我为什么不能一带而过，继续待在那里呢？我太情绪化了，我不应该这样离开。"艾丽流露出一些尴尬和羞愧。

"我觉得你这样离开的原因是你没有安全感。"

她认为我说的有道理。至少在目前来说，关注她的安全感创伤意味着她选择不和她的母亲谈论她的创伤，这还意味着她要离开她无法忍受的环境。艾丽选择避开冲突，继续关注自己的创伤，与自己的哀伤联系起来，而不是让她的母亲（不能或不愿做到）承认艾丽的哀伤。她在成长过程中没有得到她曾经渴望的母亲，现在也没有得到她期待母亲做的反应，而她的治愈意味着她要对此表示哀伤。对艾丽来说，这有很多损失，但在损失中也蕴含着治愈。她释放出内心的感受，这让她更加清晰与确定；她放下了内心的执念，这让她感到平静。

你最近一次的防卫行为是在什么时候呢？在你的防卫行为出现时，哪个创伤被激活了？在防卫的背后，你想表达什么？

你最近一次遇到别人的防卫是在什么时候呢？你认为被激活的创伤是什么？你是如何回应的呢？你想传达却没说清楚的信息是什么？

停止控制

伊莎贝尔和乔瑟芬娜迟到了十分钟。她们跑进了治疗室，向我道歉。

"很抱歉我们迟到了。"伊莎贝尔说，"我们忘了时间。"

伊莎贝尔和乔从朋友变成恋人，从西班牙来到纽约读研究生。

我了解到她们治疗迟到的原因是她们刚刚吵了一架。

"想和我说一说你们吵架的事吗？"

乔立刻开始了。"我受不了她的控制了。我知道我们一直讨论这件事，但这次实在太过分了。我做不到不交朋友，不让伊莎贝尔难过；我做不到一直确保她状态良好，不触发她的情绪，我的情绪被触发了；我不想在她给我发短信之后15分钟内就回家；我不想只因为她需要我的关注就关掉手机。"

伊莎贝尔和乔又回到了老问题上。这次的冲突似乎是同一个冲突再一次上演，只是细节上略有差别。你陷入细节之中，下一次还会卷土重来。正如情感聚焦疗法的创始人苏珊·约翰逊博士所说，"大多数争吵实际上是对情感疏远的抗议"。这些策略都是你无意识中应对失去联结的恐惧。你能这么想是最好的，但事实上你在处于冲突中时很少会这样想。

引发冲突的事件是伊莎贝尔让乔把手机收起来。"她语气蛮横地说道：'你一整天都在看手机，你不觉得该休息一下了吗？'不，我不觉得。我是个成熟的大人了，能决定自己看手机的时间吧。"乔很不乐意，冲着伊莎贝尔说道："我受够了你的优先级创伤。你知道我也有创伤，但你似乎从来没有考虑过这一点。"

你应该能记得伊莎贝尔的优先级创伤，但你可能不太了解乔的情况。在治疗的过程中，乔谈到了她父亲的控制欲。父亲非常严格，给女儿定了很多规矩，如果她不严格遵守，就会受到惩罚。他很苛刻，会剥夺她使用手机和电脑的权限，还会禁足她几个月。如果她比约定的晚归时间晚一分钟，就会发生这种情况。"即使我有合理的原因，也无济于事。他发现我是同性恋时，他会实施控制和惩罚。他认为恋爱是我可以选择的，因此他试图控制我，让我做出不同的选择。可是，这只会让我觉得自己没有归属感。"

伊莎贝尔和乔在争吵中都有被激活的创伤：伊莎贝尔的优先级创伤和乔的归属感创伤。

"你觉得你和伊莎贝尔之间的矛盾为什么会升级呢？"我问。

"因为她的控制欲很强。"乔回答道。

"嗯，也许吧。我不确定。你告诉我的是，她说你一直看手机，问你是否觉得该休息一下了。我没听到她的语气，我知道我漏掉了这个细节。但是，听起来她是在发表评论，然后提出了问题。"

"这感觉像是控制。"

"好吧，哪些地方让你感到很熟悉呢？"

乔知道她把伊莎贝尔当作了自己的父亲。伊莎贝尔的优先级创伤对上了乔的归属感创伤。当乔玩手机时，伊莎贝尔的优先级需求受到了质疑。当伊莎贝尔质疑乔的手机使用情况时，乔对恋爱中自由的需求受到了质疑：我可以同时拥有个人的自由和这段关系吗？我不想为了获得归属感而接受别人的控制。

嘿，两种创伤同时被激活了。双方同时想被看见、听到以及理解。双方都无法有效地处理创伤。双方发现自己陷入冲突的循环，感觉彼此更加疏远。

在那次会谈中，我们放缓了速度，但她们实在太生气了，无法看清事情的全貌。直到下一次会谈，我们才真正进行拆解。

我让她们轮流联结自己的创伤，并向另一个人说出来。她们分享自己熟悉的内容，不互相指责对方，而是把焦点转移到她们的情感需求上。

伊莎贝尔首先说道：“我真的只是想和你在一起，也希望你想和我在一起。我喜欢和你共处的时光，我非常想和你共处。我很抱歉，我不知道该怎么和你沟通。"

乔接着说："有时，我想要自由，去做我想做的事情。我也喜欢和你在一起，但我也喜欢和自己在一起，做一些不需要动脑筋的事情，让我暂时不去想我们遇到的现实问题。我想知道我可以独自做一些事情，而你仍然接受我。有时我觉得只有我做了你想要的和需要的事情，你才能接受我。这感觉像是控制，我受不了。"

你能看出情感需求如何让每个人关注自己的原初创伤吗？伊莎贝尔的情感需求主要是她想被优先考虑。她想和乔在一起，也希望乔想和她在一起。乔的情感需求主要是归属感：我想知道我可以独自做一些事情，而你仍然接受我；我想做我自己，但也有归属感。

他们都向对方表达了自己的需求，但同样重要的是，他们都承认了自己、自己的创伤和自己的需求。这就是转向出现的地方，也是变化出现的地方。关注我们的创伤会干扰我们的过度反应，防止我们陷入同样的冲突循环。这并不一定发生在冲突激烈的时候，但如果我们想要成长，我们就要回头看一看到底出了什么问题。

如果处理得当，冲突可以使人们建立更深入的联结与亲密关系，并且彼此被治愈。我把冲突看作沙滩中的一面旗帜，它让我们每个人都知道冲突后会发生更重要的事情。冲突是最重要的信号之一——在放松、好奇与开放的另一面隐藏的一些未治愈的创伤迫切想要得到你的关注。

你最近一次控制别人是在什么时候呢？哪个创伤被激活了，让你开始控制别人呢？在控制的背后，你想表达的是什么？

你最近一次受到控制是在什么时候呢？你认为被激活的创伤是什么？你是如何回应的？你想传达却没说清楚的信息是什么？

停止鄙视

"我要辞职，真的。我要走了。我受不了这工作了，我受不了他。"卡尔很生气。他中午来治疗，他刚下班，他的老板做了一件让他生气的事。

卡尔是一名海军的儿子，他的父亲控制欲极强，要求他和他的兄弟姐妹进行晨练。

我问他："你要不要骂他一顿？"你无须拘束。不用礼貌，不用在意你说什么，只是发泄出来。宣泄真的能让人放松下来，释放大量储存的能量。卡尔已经准备好了！

"说实话,我一直想自己怎么辞职。怎么才能让他知道他很蠢?我能做点什么让他感到尴尬或羞辱的事?他真是个混蛋,我受够他和他的臭脸了。他觉得他可比我厉害多了。他比我大不了几岁,就是个白痴,不会管理,就会颐指气使,总是贬低讽刺我。我要辞职了。"

卡尔深吸了一口气。

"感觉怎么样?"我问。

"好多了。谢谢。"

"发生了什么?工作上出了什么状况?在我们的会谈开始之前,你似乎遇到了什么事情。"

"这种情况已经持续一阵子了。他在别人面前贬低我,他的控制欲很强,事无巨细地掌控一切。今天,他发邮件又漏了我,我和他说过好多回了。这让我很生气,我说他是个混蛋,我们就吵了起来。"

鄙视是程度最严重的批评。这是我们参与冲突最具破坏性的方式,对伴侣来说是婚恋关系失败的最大预兆。当人们表示鄙视时,他们不尊重、挖苦、傲慢对待对方。他们以居高临下的口吻对别人说话,总是觉得高人一等,自己比别人强,别人不如自己。鄙视也包括虐待(我们在第7章中讨论过这一主题),受到鄙视的人通常会感到自己毫无价值、受到忽视和轻慢。

卡尔和老板之间的冲突愈演愈烈,别人只能把他们拉开。虽然他们没有拳脚相向,但他们当面辱骂对方。卡尔感到很沮丧,他也知道自己的反应是不合适的。他的霓虹灯开始闪烁。当然,没有人愿意被人傲慢对待和控制,但他的反应令人担忧。

"卡尔,你觉得你为什么会有这样的反应呢?"

"他是个混蛋,难道不该被这样对待吗?"他窃笑起来。

我对他笑了笑,引导他进行更深入的思考。"这件事让你感到熟悉吗?你老板的行为方式让你想起了哪件事或者哪个人呢?"

这触发了他的情绪。他的老板让他想起了他的父亲。卡尔觉得自己被他控制、贬低和忽视,老板的做法让卡尔觉得自己不是团队的一员。他感受不到归属感。

卡尔思考花了点儿时间,但他能识别出他的归属感创伤是被他老板发邮件时漏发他的行为激活的。他直接与老板发生冲突,想被对方看见、听到和理解。

"那么,当他这样做的时候,我该怎么办?"卡尔问道。

首先,我希望卡尔放松下来,首先处理他的创伤。老板对待他以及与他沟通的方式都是不对的,但老板的行为提供了卡尔了解自己创伤的机会。我知道这听上去有点奇怪,但事实如此。

"见证你的创伤,卡尔。你与其和老板陷入冲突,不如探索自己的内心。不要执着于外部的关系,要探索自己内在的关系。我可以保证你当时从老板那里得不到你想要的。我不知道你以后是否能得到,但是你现在的方式肯定是行不通的。你要试一试吗?花点儿时间看见、听到和理解你为什么感到生气。"

"我觉得他不尊重我、贬低我。我觉得他看不起我，对我和对别人不一样。我觉得他故意排斥我，说实话，这会让我感到愤怒。"

"你说得很好，"我说，"当有人鄙视你的时候，重要的一点是你与他们设定明晰的界限。你之前的行为只是情绪驱动下的反应，我理解你。说实话，遇到和你同样的事情，大多数人都会很激动。不过，你要做的是与自己建立联结，改变你和老板的沟通方式。你想被人看见、听到和理解，对吧？因此，如果你有机会这样做，你先要自己清楚，再和对方说清楚。"

"如果他还是不听或者不在乎呢？"卡尔说得很对。

"他可能会这样。没有人能保证对方的行为，不过，你能改变的是你尊重自己的方式以及你看待自己的方式。你能改变的是你关注情绪的方式，而不是被情绪控制，这就是胜利。你老板改不改变，不是你能控制的。你要做的就是对你自己负责。如果情况依然没有改变，你可以选择辞职，但目前还没到这个程度。现在，我想让你思考的是你和他之间的界限，以及你将如何改变。"

卡尔决定试一试。"我不喜欢你和我说话的方式，我也不喜欢我被忽视。这让我感到被贬低。我想被尊重，我想成为团队的一员。如果我有做得不好的地方，请你私下告诉我。"

卡尔要做的是改变他的冲突应对方式。他以前的做法让他不断与老板发生冲突，却一无所获。卡尔改变应对方式，避免做出情绪化的反应，更关注自己的情绪，这是结束冲突循环的唯一途径。有时你们可以关注彼此的情绪（如果这是你在意的亲密关系），有时你可以只关注自己的情绪（比如艾丽，在她妈妈做不到的情况下，她努力关注自己）。关注情绪有助于建立安全感，即使你只能靠自己做这件事，它也能让你被看见、听到和理解。

你最近一次鄙视别人是在什么时候呢？哪个创伤被激活了，让你开始鄙视别人呢？在鄙视的背后，你想表达的是什么？

你上一次受到别人的鄙视是在什么时候呢？你认为你被激活的创伤是什么？你是如何回应的？你想传达却没说清楚的信息是什么？

停止筑墙

"我太累了，我不想待在这里，别见怪。"显然，马克不想聊了。

我在前面说过，马克和特洛伊之间存在信任的问题。特洛伊对马克在聚会上不支持他的行为感到生气，而马克也有价值感创伤（源于他父母有条件的爱），此刻这一创伤也被激活了。

"他总是这样，"特洛伊说，"当聊得太深入的时候，他就拒绝交流，不想继续说了。这太让人抓狂了。昨晚我们吵架了，他就起身离开了公寓。什么也没跟我说就走了。他把手机关机，好几个小时都没有回来。他回来的时候，我已经睡着了，太过分了。"

马克表现出来的是筑墙行为，这是人们为了避免冲突所做的退缩行为。他们尽力筑起一道高高的石墙，确保自己与别人之间有较远的距离。这是一种保护方式，但是，这会惹恼对方，最终导致双方的冲突。

特洛伊联系不上马克。他不知道对方在哪里，也不知道对方什么时候会回来。特洛伊一无所知，被人蒙在鼓里的感觉并不好，如果这发生在你认为很重要的沟通期间，你的感觉会更糟。

"当时你们在聊什么呢？"我问道。

"钱，我是说我们最近的开销，我觉得我们要减少一些支出。这算不上吵架，但我说起这事，马克就不说话了。他不想讨论这件事，但我们得达成一致，所以我继续说下去，他仍然不回应。我想和他说话，他就一直低头看手机，最后他站起来走了，这让我很恼火。"

马克很快回应："特洛伊总说我做的事达不到他的标准，我不支持他，我没攒钱。没完没了，我烦死了。我对这类谈话没兴趣。所以我走开了，这是唯一能终止谈话的方法。"

当特洛伊开始说他认为马克需要改变的事情时，马克的价值感创伤就被激活了，请求或评论很容易偏离正题。尽管特洛伊明确表示他们需要削减开支，但马克听到的是他需要削减开支。他听到的是，没有攒钱只是一连串他没做好的事情中的一件，他不是个足够好的伴侣，这激活了他童年的价值感创伤。

马克一直听到的是特洛伊指责他不完美，这意味着他很快就会失去对方的爱、联结和认可。马克自我保护的方法是封闭自己,不与对方沟通。他认为这是安全的做法,但马克的筑墙行为使事情变得更糟。

特洛伊谈论开销是出于善意,但马克和特洛伊都可以看到这如何激活了马克的创伤。马克的情绪反应导致他表现出筑墙行为,不承认自己的创伤和特洛伊的创伤。这不是说马克不能中止谈话或者做一些平复自己情绪的事情,而是说他要承认正在发生的事情,和对方沟通他需要做些什么。

"如果你意识到了创伤被激活,你会怎么说呢?"我问马克。

"我想我可以告诉特洛伊,我觉得他在批评我。我觉得他总认为我做不好事情,我感到自己不配得到他的爱。"

这是关注情绪的开始。当我们表现出脆弱的时候,情绪可以被联结、关注,与更多的脆弱联系在一起。我们就像马克分享他缺乏价值感一样,表达我们的情感需求、联结我们的创伤,这时我们就会看到前进的方向。这类似于莫纳·费诗贝恩博士所说的脆弱循环,它帮助我们从过度反应转向反思。

你最近一次拒绝沟通是在什么时候呢?哪个创伤被激活了,让你采取这种不健康的应对策略?你想通过筑墙行为表达的是什么?

你最近一次感受到别人的筑墙行为是在什么时候呢?你觉得当时被激活的创伤是什么?你是如何回应的?很多时候,人会在没被激怒的情况下做出筑墙行为,但有时也会在被激怒的情况下做出筑墙行为。想一想你惹恼对方了吗？你做了什么？你想传达却没说清楚的信息是什么？

用理解取代过度反应

我记得很久以前听约翰·戈特曼博士说过："每次抱怨的背后都有深深的个人渴望。"在我们的情感需求得不到满足时，我们就会批评抱怨我们的伴侣、家人，甚至朋友。我们没有站在情感的需求一边，设法了解它并实现它，而是远离情感需求，想通过别人满足自己的需求。

我们的情感需求往往是我们的创伤。当它们出现的时候，我们要尤其谨慎。因此，如果我们不想陷入冲突—反应的循环，我们就需要识别并关注它们。如果我们能识别并表达自己的原初创伤，我们很快就能被看见、听到和理解。

想一想你最近或经常说的一句抱怨或批评的话。批评的对象并不重要，我想你能关注你正在抱怨或批评的事情。比如，他根本不在意我的时间；他的控制欲太强了；他是在玩手机；他根本不会告诉我他在给谁发短信；他花光了所有的钱，不为我们的未来打算。

当你读到以上抱怨和批评的时候，你能发现其中的创伤或隐含的情感需求吗？我读到"他根本不在意我的时间"——看见了你对价值感的渴望；我读到"他的控制欲太强了"——看到了你的归属感创伤以及你想做自己的渴望；我读到"他总是在玩手机"——看到了你对优先级的渴望；我读到"他根本不会告诉我他在给谁发短信"——看到了信任感创伤；我读到"他花光了所有的钱，不为我们的未来打算"——看到了安全感创伤。你明白了吗？你可以分析你的抱怨，看一看其中的创伤吗？你能识别你的情感需求是什么吗？

还记得维罗妮卡和男友大吵一架吗？我问维罗妮卡，她能不能把她对男友的抱怨和批评转化为情感需求，这样她就不会被自己的创伤和过度反应所左右，就知道下一步该如何做了。"这听起来很蠢，"她回应道，但还是笑着同意了，"好吧，但怎么做呢？"

我告诉她该怎么做。与其说"你这么自私"，不如说"我希望我对你很重要"；与其说"你不关心我"，不如说"我想得到你的关心"；与其说"你是我历任男朋友中最糟糕的一个"，不如说"我希望你在乎我"。"你掌握窍门了吗？"我问道。她点点头，继续练习。

我们的抱怨是无穷无尽的，但我们的情感需求几乎是一样的。它们与我们的创伤直接相连。如果你想一想你抱怨的事情，把它转化为情感需求，你就会发现这些需求都强调了价值感、归属感、优先级、安全感或信任感。它们还可能强调了被看见、听到与理解的渴望。

现在你自己试一试。想一想最近出现的冲突或反复出现的冲突,想一想冲突发生之前的那一刻。你能识别出被激活的创伤是什么吗?如果你想被看见、听到并理解,你会选择什么样的方式呢?你会做出批评、防卫、鄙视、控制或筑墙的行为吗?你能看到创伤想怎样帮助你?它对你产生怎样的影响?

- 我被激活的创伤是_____。
- 我现在看到了创伤,是因为_____。
- 我陷入冲突,是因为_____。
- 我最终要做的是_____。

好,做得很棒。下面我们继续练习。

- 让我真正感到不安或质疑的是_____。
- 我希望对方真正了解我的是_____。
- 如果我用我的情感需求代替批评、防卫、鄙视、控制或者筑墙的行为,我就知道_____。

记住,你受伤了。不管发生的事情是什么,它正在激活你熟悉的创伤。我的朋友,这太痛苦了。你能把原初故事与你当下痛苦的原因联系起来吗?在探索的过程中,请温柔地对待自己。

在你没有陷入冲突的时候进行练习

我告诉所有来访者,你在冲突之中想要掌控冲突,通常会失败。我建议你在没有陷入冲突的时候,在你自己或双方对冲突感到好奇的时候,探索这个问题。当我们陷入冲突时,我们通常太过激动,根本无法应对冲突。我们的系统会对我们觉得更重要的事情做出反应。

想象你正处于被激活和生气的状态,问一问自己是什么创伤在起作用,但估计你这时只想翻白眼;在冲突升级时,你可以试着把批评转化为情感需求,但估计你这时只想骂人了。如果你真的能做到询问和转化,那真是太厉害了;如果你的反应和大多数人一样,你就需要留出单独的时间和空间处理你的创伤,你需要在冲突之外练习如何应对创伤。

当你开始感到好奇的时候,请记住别人也有创伤。了解并承认别人的创伤与了解并承认自己的创伤是同样重要的。当然,他们要为自己负责,但在亲密关系中(无论是与伴侣、家人或朋友)你能为他做的就是记住他们也有过去的原初创伤,这些创伤可能和你的创伤一起爆发,即使他们还没有准备好面对自己的创伤。

当你通过日常练习学会更好地驾驭冲突的时候,你会发现联结和亲密关系有无限的可能性。想一想有意识的冲突居然加深了你和所爱之人的关系,这是多么不可思议的重构啊!

第 9 章　改变沟通方式

当你用理解替代过度反应的时候，你的关系通过冲突变得更加深入、更加亲密。正如你所知，过度反应会让你的创伤暴露出来，理解则帮助你开始治愈你的创伤。但是，如果你想把冲突转化为联结，你不仅需要改变你的冲突方式，还需要改变你的沟通方式。

事实上，你永远无法摆脱所有的情绪反应。有时你会主动挑起冲突，有时你会被动地回应挑起冲突的人。你可以更好地管理情绪反应，但你不太可能不被任何事情牵动情绪。请为人类的正常体验腾出空间。记住你的反应和别人的反应给双方都提供了非常重要的信息——一旦你开始注意这些信息，就要告诉对方。

亚历山德拉·所罗门博士说过，健康亲密的沟通最重要的方面之一是关系的自我意识。她称之为"诚实看待亲密关系中让你生气的事情和你在感到生气失望时进行自我调节的能力与意愿"。大多数人更可能出现线性思维，比如：你太冷漠了，我太不可靠了，你从来都不听我的，如果你在意就不会发生这种事，我太傻了才会这样。这种狭隘的思维方式会引发你对别人的责备或者你自己的羞耻感。它忽视了我们每个人拥有的丰富复杂的故事。当我们的创伤被激活时，就很容易这样想；当你陷入线性思维时，就不会与他人建立联结。

从另一方面来说，系统思维会考虑到我们的原生家庭和过去的关系，提醒我们每个时刻都有复杂丰富的故事。它也为我们提供了看待他人的系统视角。这样，你从系统视角看待自己与他人，就能理解现在发生的事情不是此时此刻的事件，而是在此之前的每个时刻发生的事件。你可以想象一下如果你能记住这一点，你的沟通将会发生多大的变化吗？你能想象到同情、共情或宽容将会出现吗？

因此，如果你的伴侣批评你，你听到的不只是他对当前事件的批评，而是你以前经历过的所有批评——来自你的父母、前任伴侣等等。与线性思维相比，你从系统思维的视角更容易理解自己的反应，如果你的伴侣意识到这一点，他们可能会做出不同的回应，在原本可能爆发争执的时刻找到联结的契机。

就像我在本书开头说的那样，思考我们的原初故事，看到家庭系统的复杂性，这并不是为了找借口。当情况不好的时候，这并不能扭转困境，不过了解原初故事的确能提供一些思考。当我们从这一立场开始沟通时，我们就不会执着于细节或者非要争出谁对谁错。我们深知双方都感到痛苦，都希望被看见、听到和理解。这就提高了我们沟通的质量。

沟通或不沟通

当创伤被激活时，你有两个选择：沟通，或者不沟通。当你选择不沟通的时候，你的创伤故事就没有机会得到别人的认可。但是，我要对你是否选择沟通提出建议。

你回避沟通，可能存在合情合理的原因。当然，我们的目标是良好沟通，但你也需要辨别你应该和谁沟通。我可以大胆地说，有时不沟通才是最健康的选择。选择不沟通不一定是被动的。比如，虽然你的沟通是善意清晰的，但你发现你与某个人的沟通仍然是不安全或不治愈的，那么，你选择不沟通就是积极的决定。如果你知道沟通会给你造成伤害（比如和虐待你的人沟通），你可能会选择不沟通；如果对方要操控你或回击你，你可能会选择不沟通；如果你已经知道对方听不进去或者固执己见，你可能会选择不沟通。选择不沟通意味着你得不到对方的认可，但也意味着你不会再受伤。有时，这就是治愈。治愈需要你具备识别能力。有时，最好的选择是尊重自己，继续向前，找到能听到你的人。

另外，还有一个我们要仔细考虑是否沟通的原因。你从你的家庭与过去的关系中获得了有关沟通的教育。在健康的家庭中，沟通通常是清晰、善意、体谅、冷静、好奇、理性、现实、诚实、直接的。你受到的教育可能不一样，它可能是破坏性的、不健康的。如果你选择沟通，但还没有识别出自己的原初创伤，你很可能会使用破坏性的沟通方式，呈现出责备别人或自己感到羞愧的线性视角。下面我将介绍一下破坏性的沟通方式。

正如我们在第 8 章中讨论过的，破坏性的沟通方式只会重新打开创伤，导致反复出现冲突。你仍然感觉不到自己被听到与理解。因此，在沟通之前，你最好先识别自己的创伤。

如果你想进行更健康的沟通，你首先要做的就是弄清自己真正想沟通的内容。你可能觉得这太简单了，但是如果你曾经在争吵过程中问自己"我到底在吵什么"，或者回想几天前发生的争吵，问你的伴侣"我们为什么又吵架了"，你就知道你实际表达的内容与你想沟通的事情相去甚远。我想说的是，在你开始说话之前，甚至在你张开嘴之前，你要做的是弄清自己要传递的信息是什么。

提升沟通能力

我们的目标是更健康的沟通，但是想要达到这一目标，你首先要了解相关的阻碍因素。阻碍清晰、善意、冷静、好奇、理性、直接的沟通的因素是什么？你如何才能做到更健康的沟通呢？下面我们看一看被动型、攻击型、被动－攻击型、混乱型的沟通方式是如何使你无法获得别人的看见、听到和理解的，以及你如何才能成为你所期待的、别人都想交流的沟通者。

尊重你的发言权

在和家人度过了一个糟糕的假期之后,艾丽在新的一年里遇到了一位让她心动的男士。她一直约会,但一直没有找到合适的对象。但这位男士不一样,艾丽和他相处了几个月,关系开始升温了。

她在一次治疗会谈中问道:"我爱上他了,是不是有点疯狂?"这才过了几个月,他们还没有谈过感情专一的问题,也没有真正确定关系,她很担心自己陷得太快。

她问道:"我要慢慢来,我不想受伤。如果他不想定下来或者不爱我,那怎么办呢?"

"嗯,你和他说过你的感受了吗?你说过你对这段关系的期待吗?"

"没有,从来没说过。你不觉得现在说这些话太早了吗?"

"我不这么认为,"我说,"我认为清晰直接的沟通很重要。你对他的想法做了很多假设,但你从来没问过他怎么想。他可能也爱你,也可能不爱你。不过,无论哪种情况,你不沟通,就会漏掉重要的信息,而这些信息本来可以让你了解对方的想法。"

艾丽看了我一眼,这表明她看见我在说话,听到了我的话,但她拒绝了我的提议。"我不想那样做。我觉得要顺其自然。"

我回答道:"好的,那就顺其自然,看看怎么样。"

艾丽很吃惊。我从她的脸上看到了那种"等等，你就这样放过我了？"的表情。但我其实并没有放过艾丽，只是她还没准备好。她需要更多的体验。

一周之后，艾丽来接受治疗。"我受不了啦。从上周开始，我见了他两次，我很喜欢他，我该怎么办？我想和他彼此专一，呃，这太折磨人了！"

艾丽是被动型的沟通者，她会不惜任何代价回避困难的对话。她宁愿憋在心里，也不愿说出来。大多数被动型的沟通者都避免表达自己的想法、分享自己的真实感受，他们尽量不反对他人的意见，原因是他们害怕起冲突或者对话朝着他们不想要的方向发展。她想到分享自己的感受，可能要面对他不爱她的失望，她根本受不了。

"我做不到，他不值得我这么做。我觉得不明确也挺好。"

和许多被动型的沟通者一样，艾丽认为分享自己的感受是不值得的。她优先考虑对方的感受，遵从她所认为的对方的想法，虽然她很在乎，但是她努力表现得不太在意。这一切都是以牺牲自己为代价的。

我问道："艾丽，如果你说出来，你害怕会发生什么？"

"我不知道。他可能会不高兴，不再和我来往。他还可能认为我确定关系的行为其实是在破坏这段关系。"

艾丽的安全感创伤显露出来了。很多有安全感创伤的人会成为被动型的沟通者。他们过去的经历告诉他们，分享、公开表态或提要求是不安全的。他们知道自己在公开表态的时候，经常受到别人的敌意、防卫、支配、辱骂、批评或鄙视。回避让他们感到安全，分享让他们缺乏安全感。

我问道："你以前什么时候感到说出来不安全呢？"

她回答："和我妈妈一起的时候？"

"我也这么认为，艾丽。你从你妈妈那里学到的沟通是怎样的呢？"

"沟通是不安全的，"她回答道，"她听不到我的话，事情会变得更糟，我应该不管它，什么都不说。"

"没错，"我说，"你知道你和妈妈的沟通是不安全的。事实确实如此。就在几个月前的假期里，我们再次看到了这种情况。你和你妈妈在一起时，没办法表达自己的看法，因为你觉得她接受不了。不过，回避与所有人的沟通不是解决问题的办法。你必须学会如何分辨你能分享的人，然后鼓起勇气说出你真正想说的话。"

艾丽准备好了。虽然她仍然不喜欢这个观点，但她开始意识到努力做到自信、明确的沟通是向正确方向迈出的重要一步。艾丽需要承认她的安全感创伤，看到创伤如何限制了她的沟通，并且认识到她的被动不仅使别人无法听见、看到与理解她，还使她不能充分见证与承认自己。她要做的是找回自己的发言权，很久以前，在对她来说不安全的家庭环境中，她的发言权被夺走了。

"好吧，你跟我一起做，好吗？"我说，"假设你处于理想的情况，你在和他谈话，现在没有任何可怕的东西，这次谈话将完全按照你的意愿进行，你想要沟通什么呢？"

"我真的很喜欢你，我不想和别人约会了。我不知道你是否也有同样的感觉。"艾丽看着我，想知道这样说行不行。

"太好了！"我说，"你分享了自己的感受，问了他的感受。我们会从他的回应中发现更多的信息，这是美好的开始。"

她问道："但是，如果不是处于理想的情况呢？"

"艾丽，尊重你的发言权就是理想的情况。"

艾丽陷入了"如果……我就去做"的认知陷阱，事实上每天有数不清的人会陷入这一陷阱：如果（我能得到我想要的结果），我就去做。当我们把"如果……我就去做"变成"无论如何，我都尊重自己的发言权"时，就会有巨大的力量，这很重要。

尊重你的发言权并不取决于别人是否听到你的想法。尊重你的发言权需要你听到自己的心声——总是如此。对艾丽来说，这意味着倾听自己，听到她想要感情专一的愿望。尊重她的发言权，意味着她要向约会对象说出来。对方是否也这么想并不重要（尽管她想得到这样的结果），重要的是她倾听自己，并选择把自己想说的话说出来。

提升自己的发言权需要不断的实践。当你学会避免沟通、采取更被动的方式时，你也学会了贬低你的经验与真实情况。在向更健康的沟通努力的过程中，你可以试一下我引导艾丽的步骤：

你真正想说的是什么？不要拐弯抹角。如无必要，不必道歉，也无须为你不该负责的事情承担责任。明确表达你要传递的信息。

大多数治疗师建议运用"我"字句。"我"字句是关于自我的话语，而不是猜测他人的话语。艾丽需要从"我不知道你想不想和我确定专一的恋爱关系"变成"我喜欢你，我想和你确定专一的恋爱关系"。

你想试一试吗？你一直想说却没说出口的话是什么？记住，我现在不是要让你对某个人大声说出来。这只是关于尊重发言权的自我练习。

- 我一直没说出口的是_____。
- 我想要的是_____。
- 承认这一点，我感到_____。

下一步是了解限制因素。限制因素是使你无法说出来、无法自信沟通的因素。对艾丽来说，这是她的安全感创伤。她不知道自己可以表达和分享。回顾过去，她发现很多支持"当我分享的时候，事情就会变糟"的证据。

你呢？哪些因素在起作用？你害怕会发生什么？你承认你的过去发挥作用了吗？

- 从过去的经验来看，当我说出重要的事情时，发生的事情是＿＿＿＿＿＿＿＿＿＿。
- 这让我知道分享是＿＿＿＿＿＿＿＿＿＿。
- 我害怕今天将会发生的是＿＿＿＿＿＿＿＿＿＿。

接下来的步骤"分辨"是非常重要的。在这一步骤中，你要分辨你选择的环境和人是不是真的安全。你可能感到困惑和有挑战，如果你不确定，你每一次都要确保自己的安全。这意味着你只有感到安全时，才会把你想说的话说出来。我没有和你一起在治疗室里，也不知道你的故事，我没办法与你一起完成分辨步骤，但是现在你可以探索你的身体在有安全感与没有安全感时的区别。你能想象一下你曾经去过的最舒适、最自在、最自由的空间或地方吗？这可能是你躺在床上裹着柔软的毯子的时刻、假期里在大自然中徒步旅行的时刻、你抱着小狗的时刻，或者你和最好的朋友坐在沙发上聊天的时刻。请留意你的身体感觉。

- 当我想象到＿＿＿＿＿＿的时候，我感觉我的身体里＿＿＿＿＿＿。

现在想象一下令你害怕的事情。你恐高吗？你害怕狼蛛在你身上爬吗？你害怕必须当众发言吗？你害怕幽闭的空间吗？不要思考太久，但我希望你能注意到感觉上的差异。

- 当我想象到_____的时候，我感觉我的身体里_____。

我不建议你只是因为内心紧张或掌心出汗就回避令你害怕的事情。当我们面对紧张困难的对话或者做那些自认为永远做不到的事情时，我们将会有巨大的收获。不过，你可以首先注意到我们的身体告诉我们什么。当我们能弄清楚哪些可以克服、哪些不能克服的时候，智慧和治愈将会来临，不过，现在重要的是注意到两者的区别。

为了艾丽，我们考察了我们对她约会对象的了解程度。尽管她在说到与他分享的时候感到心跳加速，但是根据艾丽对他的了解，他愿意倾听并做出回应，不会和她吵起来。这并不意味着她会得到她想要的回应，但我们有信心他能保持善意、冷静和理性。

艾丽开始与他沟通。下一次她来接受治疗时，她激动极了。"他想要专一的恋爱！"她惊叫道。

我们都笑了起来。随着时间的推移，艾丽和新男友越来越了解彼此。这就是沟通的美妙之处，这就是沟通能把你带去的地方。现在还不是她和男友分享她为什么被动沟通的合适时机,但最终她会分享更多的细节。艾丽将持续练习更健康的沟通。她在很长一段时间里都很被动。你可能发现你也是这样的,不过,通过重复练习,你也会知道谁可以、愿意并想听到你的声音,以及你与他们分享是安全的。

尊重他人

崔西走进治疗室,准备接受治疗。"我一直听到朋友这么说我,我觉得我要和你谈一谈。"崔西患有脑瘫,在她小时候,她的父母不承认她的身体有问题。

我问道:"怎么了?"

"我不是第一次听到这样的话,所以我需要注意。我的朋友认为我在沟通时很粗鲁。我不知道我是不是太直接了,他们在问我的意见时总说我缺乏同情或共情。"崔西停顿了一下,"如果你不想要意见,为什么要问我呢?不管怎样,我想聊一聊,显然这里有一些东西。"

崔西得到了别人对她交流方式的反馈。她的朋友(爱她的人)告诉她,在他们说话时,她没有表现出体谅、怜悯、关心和共情。他们和她谈论自己的个人生活、职业选择或者他们为即将到来的约会选择的服装,但不管是哪种话题,崔西都自以为是。

她问道:"他们说我是绝对的诚实者。你认为他们说得对吗?"

我回应道："我不确定，崔西。我们要继续探索一下吗？"

崔西答应了。我问道："你知道我想从哪里开始，对吧？"

崔西笑着说："我确定这和我的家人有关。"

我笑了笑。"好的，我们可以看一看你家庭系统中的沟通吗？"我问道，"你在成长的过程中学到的沟通是怎样的呢？"

"沟通是不存在的，"她回答道，"没有沟通。家人都避而不谈，他们从来没有真正认可我对他们的需要。"

"你对此有什么感觉呢？"我问道。

"我很讨厌这样，我怨恨这样。我想让他们直说，我想他们说出我的脑瘫问题。我希望他们不要避而不谈，别再想着瞒我了。我已经知道我得了病，他们的回避行为所造成的伤害远远比他们瞒我的保护行为更严重。"

崔西在沟通方面走上了一条相反之路。她180度地扭转了父母与她沟通的方式：我永远都是直截了当的，我永远不会回避困难的对话，我总是告诉别人这是怎么了，我知道别人瞒着你有多么痛苦。这是她无声的宣言。但是，崔西意识不到她矫枉过正了。她变成了攻击型的沟通者。

有归属感创伤的人不止有一种沟通方式，但我们知道你沟通的目的要么是想要获得归属感，要么是维持你没有归属感的故事。结果是，要么你调整自己努力适应，要么你的行为方式会证明你的创伤故事是正确的。

崔西的沟通方式最终将证明她的创伤故事是正确的。她钟摆式的状态让别人很厌烦。她认为这是直接的沟通，别人则认为这是攻击型的沟通。朋友开始排斥她，与她保持距离。相反之路让崔西感觉自己像个局外人。她的创伤完全显露出来，但这一次她对如何应对创伤有她自己的看法。

"我知道你想有话直说，不过你是否有中间立场呢？你觉得在保持坦诚的同时能否顾及对方的感受呢？"我问道，"在你的成长过程中，你感到痛苦的部分原因是父母没有考虑到你的感受。你希望父母关注你的需要，而不是他们自己的需要。你是否认为在某种程度上你重复了同样的模式呢？你的朋友要求你更加体贴。也许你要尊重别人的需要才能成长，就像你很久以前渴望的那样。"

崔西坐在那里，这引起了她的共鸣。"我可能做不到，"她说，"但我懂你说的意思，我知道你说的是对的。"

崔西告诉我，她的一个朋友在闹分手时，她说"你一直没分手太蠢了，你离不开对方，最好就是对方提分手"。她问我："要是你，你会怎么说呢？""事实上，你可以采取很多不同的回应方式，不过我会说，'我很抱歉你这么痛苦。分手是很痛苦的，如果你想和我聊一聊，我可以'，这句话可以起到作用。"

崔西必须接受的是，非攻击型的沟通并不意味着回避。

"这里需要修复，你不觉得吗？"我问道，"他们都是你的好朋友，他们长期陪伴着你。你信任他们，并且你知道他们爱你。事实上，他们给你这样的反馈就说明了很多问题。你认为你需要承担并承认什么？"

"我知道我以前很粗鲁。我需要承认我一直很刻薄冷漠，这对他们是不公平的，我明白为什么他们想和我保持距离。"

"你觉得你能解释一下为什么你在过去的沟通中如此直接与粗鲁吗？谈一谈它如何激活了你的归属感创伤。"

崔西哭了起来。在很多方面，她的朋友就是她的家人。她看到了一个展现脆弱、关注自己创伤并尊重他人的机会。

崔西需要用关注、关心与共情代替她刻薄粗鲁的沟通方式，但是，在此之前，她要弄清楚使她无法温和沟通的因素是什么。她大声重复了一遍："非攻击型的沟通并不意味着我在回避。"她需要提醒自己，她已经开始认同这句话。如果她还认为攻击是回避的对立面，她将会伤害别人以及伤害自己。她需要考虑对方的感受，而不是强行沟通。

我们的创伤会在生命的不同时刻被激活，而激活的过程蕴含着我们获得治愈的机会，这不是很奇妙的事吗？崔西抓住了展现自己脆弱的机会，正如我们所料，她的朋友重新接纳她了。

崔西努力的方向可能不是你要努力的方向，但你可以想一想你的创伤（不管它是哪种创伤）如何影响你的人际沟通方式。思考一下你对归属感的渴望，就像崔西的渴望一样，如何影响着你的沟通方式。为了更好地融入团体，你会满足他人的期待，不敢表达真实的感受吗？你会变得更加自信，确保自己有话语权吗？请注意你的行为。不过，你也可以探索一下你看到过的沟通模式——你生活中的成年人如何沟通，以及他们如何与你进行沟通，这种沟通方式是如何影响你的归属感的？

与自己和他人建立联系

维罗妮卡准时参加治疗。我问她："怎么样？"我很好奇她和男友是否解决了上周的冲突，以及她是否表达了自己的情感需求，而不是像她在治疗会谈中那样批评对方。

她回答道："我已经一星期没和他说话了。"

"哦？为什么？"我问道。

"他知道我很生气。他想联系我，但我没接电话，也没回短信。我可能这几天回复他。"

维罗妮卡的沟通方式是被动—攻击型的。她不理睬她的男友，用沉默回应对方。她在自己的关系中建立了她居上、男友居下的等级制度，男友求她原谅，还要为不该道歉的事情道歉。这就是维罗妮卡维持控制感的策略。

被动—攻击型的沟通者间接表达自己的感受，不会坦诚地说出自己的想法。他们的言行是不一致的。比如，当你和某个人说话的时候，她说"无所谓""都可以"，但她不看着你。有的人像维罗妮卡一样，她完全封闭自己，不会说出她对你的愤怒或沮丧。被动—

攻击型的沟通方式会把撤回爱与联系视为惩罚。

我问道:"你为什么要惩罚他呢?"

维罗妮卡没有回答。我们坐在那里坐了很久,我没有打破我们之间的沉默。我想让她仔细思考这个问题,等她准备好再回答。

她说:"我觉得我伤心了,我也想让他伤心。"

我问道:"你提到你可能这几天会回复他。你在惩罚他的时候,如何知道什么时候是合适的回应时机呢?"

"他恳求我,我就会回应他。在他不顾一切挽回我的时候。他会想尽一切办法求我原谅他,重新得到我的爱。"

维罗妮卡的价值感创伤是很明显的,但她还没有看出来。她通过被动—攻击型的沟通方式,让对方为了她不顾一切,把她视为完美的人。这样,她才认为自己是有价值的。

这绝不是证明自己有价值的方式,而是操控对方的方式。这让你形成你有价值的错觉,同时伤害了对方以及你们之间的关系。

然而,维罗妮卡曾经认为被动—攻击型的沟通能满足她的愿望,至少她目前还是这么认为的。当她这样做的时候,她就处于上风。当别人努力争取她的好感时,她就会觉得自己配得上他们。她会觉得自己很特别、很重要,受到对方的重视。她被动—攻击型的沟通是为了保护她的价值感创伤,但它最终导致了关系的结束。

当维罗妮卡的男友没去取东西的时候,她的价值感创伤被激活了。她的第一反应就是变得被动—攻击:我要教训你,让你也不好过，你就会向我证明我多么有价值。但在这种情况下，维罗妮卡从来没有真正体会过自己的感受，也从来没有沟通过自己的感受。她从来不去了解自己，也不处理她的创伤，因此，她不能真正与伴侣建立联结，也不能和别人沟通她的痛苦、她的无价值感。没有建立与自己、伴侣的联结，她就找不到治愈的方向。

既然这是她最后一次接受心理治疗了，那就现在赶快开始吧。

我说道："你被动—攻击型的沟通是让你缺乏价值感的一个原因。"

维罗妮卡吃惊地看着我。

我问她："当你这样做的时候，你对自己有什么感觉？当你这样对待你关心的人时，你对自己有什么感觉？"

"我感觉糟透了，我讨厌自己。"

我们在那里坐了一会儿，我让她体会一下她自己的话。"你觉得你的自我厌恶感是如何影响你的价值感创伤的？"

"它只会让事情变得更糟。"她回答道，"当我这样做的时候，我真的觉得自己不配得到爱和感情。我真的觉得他应该离开我。"

影响与控制是你试图保护自己。不过，当你操纵你的影响力和控制力时，你的创伤实际上并没有得到保护。维罗妮卡并没有变得更有价值，原因是她迫使对方做出了让她觉得自己没有价值的行为。如果她能喜欢真实的自己，不再做那些让她感到羞愧的行为，她就会觉得自己更有价值。

"我不想再这样了，"她说，"我确实看到了我一直考验对方，总是把他推开。即使在我的内心深处，我想相信自己是有价值的，但我看到我总在证明自己是没有价值的。我认为我得到的证据都是扯淡。"

这对维罗妮卡来说是一个重大的突破。这是痛苦的，引发了她强烈的情绪。她的关系的确结束了，但从很多方面来说，这对她来说是一个重要的后果。她决心要改变自己的沟通方式。当她感到难过的时候，她会冷静下来，觉察到她真正想表达的内容。这需要她在说话之前仔细想一想，不过她会在她的痛苦中找到自己的价值感创伤，并注意到自己想尽快进行被动—攻击型的沟通。她不再从"我该如何保护自己"的角度行动，而是转向"我该如何建立联结并保护这段关系"。请牢记这一点。

不管是哪种关系，这都是一个值得思考的好问题。"我如何和你交流，才能保护我们双方呢？"不要忽视这个问题，这里不仅有我，也有你，我们当下的感受和经历都很重要。我知道这不可能出现在沟通或冲突的每一时刻。当冲突变得激烈的时候，这很困难，但如果你每隔一段时间就思考这个问题，想一想你们的关系沟通将会发生多大的变化。如果你能在说出自己的感受之前思考这个问题，它将带来怎样的变化？保护双方并不会损害你的感受。这不是让你把别人放在自己前面，而是让你在考虑自己的同时考虑与对方的关系。

无论你识别出怎样的创伤，你看一看你的被动—攻击型沟通方式是在支持还是否定你的创伤故事呢？你变得被动—攻击，试图让别人理解你的意思，这样你就不必面对一些让你不舒服的事情了吗？你想一想，原生家庭塑造的沟通方式是如何影响你现在与他人交往的方式的？

请记住，你们在同一战线上。事实上，当你们彼此不对抗的时候，当你们互相不针对的时候，你们就建立了良好的关系。当我们远离破坏性的沟通时，我们就给予自己和他人被看见、听到与理解的机会。我们再一次让自己与他人有机会通过系统视角来看待正在发生的事情。这说明我们的关系正在向良好的方向转变。

持有理性现实的态度

在前几章中，我提到了美代子和金的故事。金有安全感创伤。虽然你还不太了解美代子的背景，但她有优先级创伤。考虑到他们的互动以及她想让金优先考虑订婚与结婚的事情，你可能不会对她有优先级创伤感到惊讶。

"有时候美代子很冷静，有时候她忧心忡忡。我以为我们已经决定要一起生活了。"金对他们日常的对话以及他们发生的一些冲突感到难过。

我问她："美代子，你知道金在说什么吗？"

"是的，金对我们继续谈以后的事感到难过。"

金插了进来:"根本不是这样的。我难过的原因不是因为我们谈以后的生活,而是因为你的沟通方式。有时候你思路清晰,有时候你对我大吵大闹,对我说'你要克服自己的安全感创伤',还嘲笑我的问题,有时候你干脆不理我。我很难过,这样是不对的。"

美代子的沟通方式是混乱型。之前,她今天提到一件事,明天又会提到另一件事。不过现在,她的沟通方式变来变去,今天的沟通带着关心,明天的沟通带着攻击,后天的沟通又变成被动—攻击的。这让金感到不安,我想深入了解一下美代子的情况。

美代子是独生女,她的父母都很忙。他们努力工作,把很多的时间和精力都投入工作之中,陪伴美代子的时间并不多。她的父亲还喜欢赌博,空闲的时间都花在赌博上。

他赢了钱,就很关心美代子。他会给美代子买一些好东西,心情也很愉悦,他会和美代子聊一聊他自己的生活,也会关心美代子的生活。他输了钱,就变得愤怒、难以接近。他会让她别烦他,不要打扰他,经常因为她想和他说话而发脾气。美代子想得到母亲的安慰,但母亲太忙了,顾不上美代子的情感需求。

我了解了她的童年,因此感到美代子混乱型的沟通方式重复了她成长环境中出现的沟通方式。父母给美代子留下了优先级创伤,她使用本书中的每一种沟通方式来满足自己优先级的需求。

虽然有优先级创伤的人没有特定的沟通方式,但他们可能会尝试任何方式,看一看他们能不能得到想要的结果。如果我是回避型的，别人能优先考虑我吗？如果我是攻击型的，可行吗？如果我冷静呢？还不行吗？他们反复尝试。

美代子对金都试过了。虽然这些方式有点效果，但她对改善的速度还不太满意。尽管我们在努力实现他们的目标，但美代子的优先级创伤被激活了，在她尝试沟通的过程中，她实际上是把各种东西都扔到墙上，看一看哪个东西能被粘住。这种方法不仅不起作用，还激活了金的安全感创伤。美代子混乱型的沟通方式，只会让金越来越封闭自我，原因是金试图从他所体验到的混乱和威胁中找到安全，这是他非常熟悉的经历。

有时，你在治疗中触及事情的根源时，实际上会遇到减速的过程。我们开始挖掘被隐藏已久的事情，一个人或一对伴侣来解决一个他们认为几周之内可以得到答案的问题，结果却花了很长的时间。这的确会令人感到挫败，但你从整体视角做出的决定，要比部分视角要好得多。

"我们的治疗进度落后于你的预期，是吗？"我直接问美代子。

她点了点头。

我理解美代子的挫败感，也提醒她为什么我们故意放慢速度。"美代子，你到底想跟金说的是什么呢？"我问。

她坐在那里几秒钟，然后抬头看着我。"其实我也不知道。"她一脸困惑。

"好吧，"我说，"你想让金和你说什么呢？"

"他会优先考虑我。他很在乎我们的感情。"她立刻说了出来,"但他没有对我表现出来。"

我问她:"是他没有对你表现出来,还是他表现得不够快?"

我可以看出她不喜欢这个问题,但她还是思考了一下。"我觉得是表现得还不够快。"

我提这个问题的原因是我与金、美代子一起工作了一段时间,我知道金优先考虑美代子和他们的关系。他努力想和她订婚,他不想只是求婚了事。他想求婚,是出于双方深沉的爱、渴望、尊重和彼此承诺。他与美代子的关系如此紧密,但是,每当美代子看到她的朋友订婚或结婚时,她的优先级创伤就被激活了。一开始,她会冷静而小心地和金说话,迫使他求婚。但是,金觉得这不是真心想求婚。接下来,美代子会变得有攻击性,如果这仍然不奏效,她会变回被动—攻击模式。

我注意到她混乱型的沟通方式很像她父亲的沟通方式。我问她:"你以前留意到了吗?"

美代子微微张开嘴,开始哭了起来。"哦,我的天哪。"她停顿了一下,想使自己冷静下来,但还是不停地流泪。最后,她直接对金说:"我很抱歉。我知道这是什么感觉,我根本不想让你也有这样的感觉。我觉得当我感到害怕和不确定的时候,我会想尽办法让你注意到我。"

"我是在优先考虑你,美代子。我爱你,我期盼我们的未来。

我只是想双方都稳定理性地一起走向未来。"

金的话是发自内心的。美代子感到恐惧。她不想显得很蠢，也不想在沟通之后感到尴尬和失望。所以，她没有说出她的恐惧（这样双方能坦诚地表达自己的观点），而是用一种制造混乱、疏远与更多质疑的方式传递出自己的恐惧。这是她从小就再熟悉不过的方式。

在那次治疗中，我们抓住了他们的创伤，一边注意到金的安全感创伤，一边注意到美代子的优先级创伤。双方都必须在他们的沟通中明确自己对对方的需求，双方都要以理性现实的态度以及明确的语言进行沟通。他们都意识到了自己的原初创伤以及对方的原初创伤，所以他们开始留意自己的过度反应以及对方的过度反应，用好奇心来代替这些过度反应。这令我记忆犹新。

他们的好奇心使他们开启了许多新的对话。他们努力以诚实、脆弱、透明的方式沟通。当然，他们也有过冲突和疏远，但他们的关系是稳固的，他们都有信心继续下去。他们可以真正信任彼此之间的接纳，这就是胜利。任何人都可以表示接纳，但是，深刻的、与接纳相连的感受将产生巨大的影响，这是使金感到安全、使美代子感到重视的不同地方。

你思考一下如何才能在沟通中做到理性现实？过去妨碍你沟通的因素是什么？你会把注意力集中在你想说的内容上，而不是陷入混乱的沟通方式中吗？记住先要弄清楚你到底想说什么。你想和别人沟通的内容是什么？这是美代子一开始很难做到的事。如果你弄不清自己想说什么，我对她提的另一个问题也许能帮助你理清自己的想法：你希望对方和你沟通的内容是什么？这可能会让你更贴近你的情感需求。

如果你能在保持善意坦诚的同时，用展现脆弱、明确的沟通方式代替混乱的沟通方式，你想和他说什么，你想听到对方说什么呢？

我们的目标是通过理性现实的沟通，建立互相尊重的关系。即使我们的声音颤抖，我们也敢于表达自己的想法，这就是重大的胜利。同时，你还能顾及这些话对对方的影响，这就是尊重与爱的表现。

弄清你想说什么：你要前进的方向

你可能已经猜到了任何类型的创伤可以对应着任何类型的沟通方式。为了避免冲突，一些有安全感创伤的人（比如艾丽）可能出现被动型的沟通方式，而另一些有安全感创伤的人可能变得有攻击性，因为这是他们认为唯一能保护自身安全的方式。他们可能这样认为：如果我比我的对手更强大、更有气势、更有攻击性，我就能保护自己。一些有归属感创伤的人（比如崔西）的沟通方式是被动的，而不是攻击的，这取决于他们对周围环境的感知。如果归属感创伤需要你变得随和，那么你会采取被动型的沟通方式。你可能注意到你对不同的人会采取不同的沟通方式。但是，我想让你注意的是你在创伤受攻击时采取的做法，以及你对保护它，想得到别人的看见、听到和理解的意图。

接下来，让我们一起探索。想一想任意一段沟通失败的关系，现在专注于它。如果你愿意，你可以多次练习。我想让你想一想当你和对方发生冲突时，你使用的是哪种沟通方式，现在就把它识别出来。你的沟通方式是被动的、攻击性的、被动—攻击的，还是结合了以上所有方式的混乱的？这种沟通方式是如何保护你的呢？

我还想让你花点儿时间想一想，在你成长的家庭系统中存在怎样的沟通方式。你目前的沟通方式重复了家庭中的沟通方式，还是与家庭中的沟通方式相反？还记得崔西看到她如何走上相反之路是多么重要的吗？聆听自己的心声，看一看你是不是也在尝试类似的事情。

当你仔细审视你所关注的关系时，你能识别出当沟通破裂时哪个创伤被激活了吗？这个创伤如何妨碍你们进行清晰直接的沟通的呢？这个限制性问题是非常重要的。如果艾丽回答这个问题，她可能会关注她和母亲的关系，并承认她的安全感创伤被激活了，而这一创伤限制了清晰直接的沟通，她觉得自己不能直接沟通，否则对方会防卫和操纵她；如果维罗妮卡回答这个问题，她会聚焦在她的伴侣身上，说她的价值感创伤限制了清晰直接的沟通，她获得承诺的方式是考验对方，而不是清晰直接的沟通。

这是重要的意识，但它并不是就此结束。你必须通过这种意识开始制定你的需求，并清楚地把你的需求表达出来。从情绪的过度反应转向清晰、善意、直接的沟通是我们的目标。你到底想说什么？正如我在本章前面说过的，在你说任何话之前，你的目标是弄清楚你想说的内容，但为了弄清楚，你必须深刻剖析自己的内心。我知道这需要深思熟虑，你会觉得在开口之前要有很多思考和处理的烦琐工作，但是，我们已经进行到了最后的阶段，如果你要在生活中做出重大的改变，你就需要做一些烦琐的工作。

事实上，这就是你在这里做这项工作的原因。当你的谈话陷入冲突的时候，你是无法完成这项工作的。你很难做到从冲突中抽身，拿出这本书，按照步骤剖析。所以，你最好现在开始努力，想象一下当时的情况。挽起袖子，不断地了解自己，你的创伤、你的冲突与沟通方式。你将更加了解自己的需求。你对自己了解得越多，就越善于应对。

你的自由

珊达·莱梅斯是一位令人印象深刻的制作人、编剧和作家。几年前，我读到她的一句话，这句话总结了沟通如此重要的原因。她是这样说的："无论对话有多么困难，我都知道困难对话的另一边是和平。它促成了理解，给出了答案，揭示了彼此的性格，达成了休战协议，消除了误解。自由存在于困难的对话之中，对话越困难，我就越自由。"困难对话的另一边是答案，是前进之路的开端，（正如莱梅斯所说）是自由。不过，这里我必须强调一件事。她所说的自由需要你的意识，它需要有意识的沟通。如果你的沟通是被动的、攻击性的、被动—攻击的或混乱的，你就不会有太多的自由。如果困难对话是与你所控制的被激活的创伤有关，并且双方即将陷入争吵，那么，你就不会有太多的自由。我的朋友，这会让你们深陷其中。当你改变原有的沟通方式时，你就有打破困难对话的自由。

艾丽的自由是与约会对象展开脆弱的对话，她以前拒绝这样做。崔西的自由是对自己的沟通方式负责，她以前的沟通方式想要保护自己的安全，却把别人推开。维罗妮卡的自由是她需要停止被动—攻击，说出自己的痛苦。每一次困难的对话，都给美代子和金展现了各自更多的故事，他们发现自己越来越自由。

困难的对话并不一定能得到你想要的结果，但总能给你带来一些极其宝贵的东西。胜利不是对方听到了你的声音，而是你尊重自己；胜利不是对方感情专一，而是你展现出自己的脆弱，表达自己的看法，做你以前很少做的事情；胜利不是说朋友和你重修于好，而是说你承担责任，为你之前忽略的事情道歉。你改变了自己的沟通方式，原因是这能更加尊重你、尊重他人。你选择不被过去主宰生活的事情所困扰，你因此变得更加自由。你掌控着一切，永远不要忘记这一点。

第 10 章　建立健康的界限

在大部分的日子里，我有非常糟糕的界限。你对此并不感到奇怪，但是，如果你有疑惑，你要知道我装作无欲无求并不能建立健康的界限。我平静随和，假装自己对一切都无所谓。我确信如果我设定了界限，就意味着伴侣会离开我或者朋友会对我感到失望，这让我难以忍受。我不惜一切代价维持关系，甚至不惜牺牲自己的幸福感。即使委屈或透支自己，我也想和人们保持联结。"联结"是一条生命线，只要我能让所有关系中的人都满意，我就是安全的。

奥利亚的诗《邀请》里有一句："我想知道你是否为了忠于自己，敢于让他人失望。"第一次读这首诗时，我就注意到了这一句。它使我泪流满面。

这不符合我的人生理念。我宁愿让自己失望，也不愿让别人失望，即使我和别人的关系是虚假的，我也特别害怕失去这段关系。我害怕令人失望，原因是我在离异家庭中长大——结果是我总会使父母中的一方感到失望。我看到了痛苦、伤害以及由此造成的混乱局面。

你可能还记得我父母的离婚过程持续了九年之久。我只有七岁，就得和法官在他的办公室里谈话。法官对我说："嗨，维安娜，我要问你一些关于你父母的问题。我们的谈话将被录音，你的父母都将得到一份录音。"接着他问了一些问题，比如我更喜欢和谁住在一起，我更喜欢哪个家，我觉得哪个家最舒服。不过，我脑海里想的都是：我的父母会听到我的回答，我怎样才能让他俩都不失望呢？

实际上，我要回答的问题是：你选择你的母亲，还是选择你的父亲？他们从来没提过另一个选项是：我能选择自己。但整个过程被认为是合情合理的，这让我惊呆了，它加剧了我由安全感创伤导致的糟糕界限。需要明确的是，设立健康的界限绝不是孩子的责任。营造健康界限的氛围永远是成年人的责任。但是，在缺少健康界限的情况下，我学会了保护他们的感受，而不是关注自己的感受。

当你身边的成年人没有健康的界限时，你成长的环境也教会了你没有健康的界限。选择自己会让你觉得太不舒服、太陌生、太自私。尽管一些人认为健康的界限是自私的，但事实上不是这样的。健康的界限是自爱的，是自我体谅的，也是尊重他人的。有健康界限的人会坦诚地对待自己信任的人。他们不会过度分享，他们重视自己的意见，也会考虑他人的意见；他们是清晰直接的沟通者，既可以拒绝别人，也可以接受别人的拒绝，而不会认为拒绝是针对个人的，他们尊重自己的价值观。

正如我的朋友兼同事内德拉·格洛弗·塔瓦布所说："界限是为了保护关系。"界限是你和非你之间隐形的线。这就像是你拥有一个隐形的过滤系统，帮助你在人际关系中区分可以接受的事情与不可接受的事情。界限能帮助你厘清一段关系的规则、期望和条件，这样你既能感受到你与对方的亲密与联结，也能感受到自己是安全的、是被保护和被尊重的。界限能帮助你教会别人你希望得到怎样的对待，可以接受和不可接受的事情是什么，还能帮助你心口合一，这样，你的心中就不会充满愤懑、倦怠、沮丧和愤怒。

在大多数情况下，我们想有健康的界限，但我需要先承认有时保护自己是最重要的事。如果你处于受虐待的关系，如果你处于不安全的情况，你违反界限的行为在某一时刻可能能挽救你的生命或者保护你的安全。当你感到自己的环境是安全的时候，本章中的内容对你才是适用的。

两种不健康的界限

需要帮助设定界限的来访者大致分成两类——一类人的界限太松散，另一类人的界限太僵化。这两类人在不同的方面都是不健康的，下面我们逐一分析。

松散的界限

我喜欢亚历山德拉·所罗门博士在她的书《一生的亲密关系》中提到的有关界限的术语。第一个术语是松散的界限，是我过去经常使用的方式。我是松散界限的代表。我是讨好者，害怕令人失望，不会拒绝，想让所有人喜欢我。界限松散的人往往难以做到相互依赖，他们会过度分享，总是想得到别人的认可，并经常接受别人的错待，以期与他人保持联系或获得他人的好感。松散的界限就像破损的栅栏一样。栅栏可能还立在你家的周围，但是木头已然腐烂，上面千疮百孔，没有门锁，铰链也掉了，任何东西都可以随意进出。

界限松散的人通常不想修理他们的栅栏，原因是这样做会遇到风险和威胁。他们害怕别人不喜欢自己。他们不想令人灰心、沮丧或失望。他们难以应付别人强加给他们的内疚感，害怕自己表明立场，就会把别人推开或者被认为是难以相处的人。或许你有一位从不接受拒绝的朋友，你只能顺从她的意愿才不会发生冲突；或者不管你在哪里或者你在干什么，只要你的母亲一打电话，你就会接起来，避免产生内疚感。后续你将学习如何解决这个问题，现在只需要关注你生活中的哪些关系有松散的界限。

僵化的界限

另一方面，界限僵化的人不是讨好者，他们往往避免亲密和亲近。他们可能难以敞开心扉或寻求帮助，可能很难信任别人。界限僵化的人会保护个人信息，避免脆弱，他们可能有严格的规则，但这些规则似乎是不灵活、不合理的。

你还记得千疮百孔的栅栏吗？你可以把僵化的界限想象成混凝土墙。混凝土墙完全阻隔了别人的视线。没有门，也没有窗户。这堵墙的主要作用是不让别人进来。在这种情况下，里面的人也没有办法与别人建立联系。

你还记得马克和特洛伊吗？马克的筑墙行为就是僵化界限的实例。他竖起了一堵高高的混凝土墙，特洛伊找不到他，联系不到他，也不知道他什么时候回家。马克一直与特洛伊保持距离，想保护自己不受指责。

界限僵化的人通常会避免自己的墙被推倒，原因是这会带来风险和威胁。界限僵化的核心是害怕受伤。界限僵化的人的过去经历告诉他们，当他们允许别人靠近自己或者向别人敞开心扉时，就会发生糟糕的事情，因此，他们会优先考虑保护自己。

创伤如何妨碍了健康的界限

你不想让别人不高兴，害怕令人失望，担心自己受到伤害，不想让坏事发生，这些都是没有健康界限的重要原因。不过，你没有健康界限的真正原因是你的创伤被激活了。

你可以看出当你的目标是不惜一切代价建立自己的价值感、归属感、优先级、信任感或安全感时，尊重你的界限（或他人的界限）有多么困难吗？花点儿时间想一想。

- 设想一下你的朋友连续好几次在最后一刻取消了你们的聚会。不过，你的归属感创伤被激活了，你知道获得归属感的最好方式就是尽量取悦别人，所以，你从来没有表达过自己不受尊重的感觉。
- 设想一下你的朋友说她太累了，想睡一会儿。但是，你的优先级创伤起作用了，你不想有不受重视的感觉，所以你接受不了对方的拒绝。你告诉她，她将会错过美好的一夜，如果她不来，你会感到失望。
- 设想一下你的约会对象一直想让你敞开心扉，表达你的感受，但是，你对前一任男友敞开心扉，他就和你分手了。你的安全感创伤占据主导，因此，你保持着僵化的界限，并保护自己。

这些都是违反界限的行为。通过你的个人观察、个人体验或者他人对你的期望，你今天的违反界限行为是在人生的某一时刻学会的。

当你的创伤被激活时，你的界限松散或僵化的可能性就会增加。你被激活的创伤如何妨碍你拥有健康的界限呢？接下来，我们进行探索。

- 我的创伤是_____。
- 我保护创伤的方式是设定_____界限（松散的或僵化的）。
- 这一方式给我提供的应急办法是_____。
- 这对别人造成的影响是_____。

不真实的联系是如何阻碍沟通和界限的

我从艾丽的表情中看出有点不对劲。"一切都好吗？"我问，"你们的关系怎么样了？"当时，我们的治疗关系还处于早期阶段，但我已经有几周没有听到新消息了。

"还行吧。我觉得他可能不太感兴趣了。我不知道发生了什么，但最近几次的约会，他每次都迟到大概三十分钟。我一个人坐在酒吧里等他，觉得很尴尬。"

我问她："哦，艾丽，真抱歉。我能想到这有多难受，也能想到你为什么怀疑发生了什么。你跟他谈过这件事吗？"

"不，我不想让他不高兴，就什么也没有说。我只是担心如果我说了什么，这就意味着我们必须谈一谈了，然后他就会和我分手了。"

艾丽宁愿保持她与迈克的关系，也不愿沟通需要改进的地方。她不想冒失去这段关系的风险，于是委屈自己接受对方错误的对待：我宁愿打发我不被尊重的时间，也不愿冒关系结束的风险。她选择维持这段关系，而不是设定健康的界限。

艾丽认为与设定健康的界限、冒着发生冲突以及关系结束的风险相比，她把一切想法放在心里、假装一切安好是更安全的。她在成长的过程中就学会这样处理她与母亲的关系，还看到她的父亲也是这么做的。他宁可置之不理，也不愿发生冲突。

我问道："艾丽，他在违反你的界限，你看出来了吗？"

"是的，但他总有充分的理由。一次是他不得不加班，一次是他要在约会之前遛狗，还有一次是他妈妈打电话找他帮忙。我能不让他做这些事吗？"

艾丽总是找各种借口避免设定界限。这些情况可能都是真实存在的，但这不能改变一个事实：艾丽仍然需要沟通这个界限。迈克需要管理好自己的时间。迈克需要提前沟通或者做好日常计划，尊重约会的时间。他或许需要把约会的时间推迟三十分钟，这样艾丽就不用等他那么久。这需要迈克自己想办法。当然，我们有时工作脱不开身，我们需要遛狗，帮家人解决困难，这都不是这里探讨的重点。如果艾丽想要一段真正的亲密关系，她需要把松散的界限（不惜一切代价与你保持关系）转变为健康的界限。

艾丽已经知道她正在回避设定健康的界限。不过，从这里开始，我想让她找出通过保持松散的界限，她选择了什么。我问道："你觉得是什么？"

艾丽是在确保迈克不会生她的气，然后离开她。这成为她的首要任务，她如何被对待并不重要。

当我们开始设定健康的界限时，我必须让艾丽知道这可能使她意识到自己的安全感创伤。当我们遇到不熟悉的事物时，它一开始通常是相当不稳定的。尽管从客观的角度来看设定健康的界限是一件好事，但它对艾丽来说是新事物。新事物是未知的，是不确定的，会让人觉得有风险。她没有设定任何健康界限就是证据。

从松散的界限转向健康的界限，这要求艾丽为了尊重自己，可能冒着"最终可能发现关系是不真实的"风险。即使她知道迈克的初衷并无恶意，健康的界限也要求艾丽与迈克沟通他约会迟到的影响。健康的界限要求艾丽敢于尊重自己，同时也尊重迈克。

即使艾丽的安全感创伤更希望她保持沉默，假装一切都没发生，这样就不会危及这段关系，但她的治愈需要她做出不同的行为。在长期的治愈过程中，你的创伤和健康的界限会同时起作用。

我问艾丽："你觉得你会怎么做？"

"我要对他说，我理解他临时有事，计划有变，但我希望他能守时，更尊重我的时间。我甚至会告诉他，他迟到了，这让我觉得很尴尬，感到不受尊重。"艾丽练习和我一起设立健康的界限。

"太好了，"我说，"你的安全感创伤想要保护你，不过它在起作用的时候实际上没有保护你，它以牺牲你的利益为代价，保护了你害怕发生的事情。你明白吗？"

"你不为自己保持健康的界限时，你就没有建立真正的关系。

你在退缩。你们是通过不真实的感受联系在一起的。有时你设定了健康的界限，就会失去人际关系。我知道你很难不这么想，但你的目标是拥有坦率、真实、真正联结的关系。你不希望有虚假关系的错觉。这不是治愈。"

从松散的界限到健康的界限

如果你有松散的界限，我想让你想一想你生活中的哪些关系或互动使你成为讨好者。我还想让你想一想你害怕自己令人失望的恐惧源自哪里，或者为什么拒绝别人对你来说这么困难。你要让每个人都开心的故事是什么，或者为什么你觉得别人错待你、你就应该不吭声？我肯定这里有故事的存在。从这里开始，我建议你解决这些问题：

问题	如果艾丽要回答这些问题，她会给出如下回答
你松散的界限想保护的创伤是什么？	我的安全感创伤。
如果你用健康的界限取代松散的界限，你害怕将会发生什么？	我的男友将不理我，变得戒备心很强或离开我。
你的恐惧让你想起了什么？	我在成长过程中与妈妈的相处经历。
如果你保持松散的界限，你重视或优先考虑的是什么？	我重视我和迈克之间的关系，不想让他离开我。

(续表)

问题	如果艾丽要回答这些问题，她会给出如下回答
为了尊重自己以及获得安全感，你需要什么？	我需要对方尊重我的时间，我也想要这段关系持续下去。
为了使对方受到尊重以及获得受尊重的感受，你认为对方需要什么？	我认为迈克想让我知道他并无恶意，他不是个坏人。
沟通这一界限。	迈克，我真的很想了解你，我也真的喜欢与你约会。我希望你能守时，或者约会的时间可以调晚一点儿，这样，我就不用等你30分钟了。这不尊重我的时间。

猜一猜如果她坚持松散的界限会发生什么？她反复考虑前三个问题。她的安全感创伤让她无法设定健康的界限，原因是她对健康界限的恐惧让她想起了过去的事情。你明白了吗？恐惧维持着松散的界限，导致她反复做出相同的选择。你也是如此。

健康的界限要求你走出自己的舒适圈。我有过同样的经历，所以，我知道这很困难。但是，勇敢的行动可以改变你的路径。

我的勇敢行动

我将从个人体验和专业性的角度谈论界限。我经历了一个重要的人生时刻，才从松散的界限转变成健康的界限。在我快30岁的时候，我正在与我视为"唯一"的人约会，但是，我们刚开始约会，他的前女友就想和他复合。他很困惑，感到很有压力，不知道该怎么办。当时我还是个"乖女孩"，所以我告诉他，他想考虑多久就考虑多久，我理解他很为难，但我乐意支持他的决定。如果我善解人意，他就想和我在一起，对吧？我有诸如此类的想法。

可是，我有一天和朋友聊天时，意识到我在重复童年时的角色。我假装不在意那些我无法接受的事情。他和前女友见面，他们一直聊，想弄清楚是否会复合，而我当时还是他的女朋友，却假装若无其事。"你别太为难他，也不要有你的需求，否则他可能会离开你。"那一天，我清晰地意识到了这一点。我受够了乖女孩的角色，受够了假装不在意的行为。

我记得我对他说过的话，记得我过了几周才设定健康的界限。我打电话给他，紧张地说道："我对你的行为不满意，你处理这件事的方式不尊重我。你一直想在我和她之间做出选择，但是你必须弄清楚选择意味着什么，我不想看到你在我俩之间选来选去。简单来说，我不想和你约会了。"

那天晚上，我和他分手了，再也没和他说过话，一次也没有。我哭了好几个月，太可怕了。我曾经以为自己要和他共度未来，但是，当我看到我的价值感创伤让我无法拥有健康的界限时，当我看到我如何把我在原生家庭中的角色代入这段关系时，这为我敲响了警钟。如果我必须回答这些问题，以下是我的回答：

问题	如果我要回答这些问题，我会给出如下回答
你的松散界限想保护的创伤是什么?	我的价值感创伤。
如果你用健康的界限取代松散的界限，你害怕将会发生什么?	他将离开我，回到前女友的身边。
你的恐惧让你想起了什么?	某件事或某个人比我的感受更重要。
如果你保持松散的界限，你重视或优先考虑的是什么?	错误的对待。
为了尊重自己以及获得安全感，你需要什么?	我需要说出这有多么不尊重我，无论结果如何，我都要接受。
为了使对方受到尊重以及获得受尊重的感受，你认为对方需要什么?	善意体谅，看到他在挣扎，但我也需要直接对他说。
沟通这一界限。	我接受不了你的行为，你的行为不尊重我。你一直想在我和她之间做出选择，但是，你必须弄清楚选择意味着什么。我不想看到你在我俩之间选来选去。简单来说，我不想和你约会了。

涉及界限，你的勇敢行动是什么？你与创伤之间的联系是很关键的。当你选择设定健康的界限时，你必须见证并承认你的创伤，这样它就知道你在冒险。但是，经过深思熟虑的冒险和鲁莽的冒险是不同的。你要做的是经过深思熟虑的冒险。

你非常了解自己的创伤，也非常了解你为什么有松散的界限，以及这些界限如何保护你不接触你难以面对的事情。不过，你要思考一下可以代替松散界限的健康界限是什么。我希望你能进行有意识的思考。你要认识到你所冒的风险，还要思考一下为什么冒险对你来说是重要的。

- 我的松散界限是＿＿＿＿＿＿＿＿＿＿。
- 我想沟通的健康界限是＿＿＿＿＿＿＿＿＿＿。
- 我所冒的风险是＿＿＿＿＿＿＿＿＿＿。
- 我冒风险的原因是＿＿＿＿＿＿＿＿＿＿。
- 无论结果如何，这给我原初创伤带来的好处是＿＿＿＿＿。

做得好！找到你可以用健康界限取代松散界限的时刻。如果你在那一刻就注意到了这一点，这真是不可思议；如果你后来才注意到这一点，你甚至可以预测你会和哪个人出现松散的界限。提前想一想，思考一下健康的界限可能是什么，然后付诸行动。

从僵化的界限到健康的界限

托尼的父亲一直虐待托尼的母亲，直到有一天托尼变得足够强壮，才结束了他父亲的虐待行为。他害怕失去爱与联结，就像他的母亲在遭到虐待之后出现解离一样，因此，他一直回避人际交往。

几个月以前，托尼遇到了一位女士，他告诉我他有多喜欢对方。她聪明有趣，他被对方迷住了，而她也对托尼很感兴趣。他害羞地说："我们约会过很多次，每次都很愉快。"

我问道："你们俩聊得怎么样了？"

"嗯，大部分时间她在说话，还问了许多关于我的问题。真的很多。"

"听起来她很想了解你。感觉怎么样？"

托尼意识到他很难与人亲近。他筑起一道心墙，别人很难走近他、了解他。他也不让自己了解别人，很少提问题。他的防备心很重。当然，他有充分的理由防备别人，但这也让他无法建立恋爱关系、人际联结以及获得治愈。

"老实说，这感觉很沉重。当她问我关于家庭的问题时，我甚至有点反应过度，但是，由于我一直和你一起治疗，我知道这触及了我的创伤。"

托尼的领悟令人惊叹。他既能体会自己的感受，又能成为自己的观察者，这给我留下了深刻的印象。

我问道："你觉得开放一点儿会是怎样的感觉呢？"

"可能像死了一样，"他说，"但我觉得必须试一试。我不想永远待在这些墙后面。我知道如果我不试一试，我就永远无法接近别人。我永远不会爱上别人，我永远不会拥有真正的联结，我永远不会有爱人。或者说，即使我有爱人，也总使对方失望。如果我一直这样下去，就像是我爸胜利了。这有点儿奇怪，可是我觉得在某种程度上，我打破这些墙就是表明自己的立场：你抢走了我妈的幸福,但你抢不走我的幸福。这说得通吗?"他问道。

确实如此。托尼的话语有深远的意义。从那堵墙后面走出来,是他治愈的一部分;从那堵墙后面走出来,是他与父亲设定界限的方式:我不会让你夺走我的爱和联结,我不会让你妨碍我优先考虑自己的关系或者对他人敞开心扉。我们解决了同样的问题:

1. 你僵化的界限想保护的创伤是什么?

2. 如果你用健康的界限取代僵化的界限,你害怕将会发生什么?

3. 你的恐惧让你想起了什么?

4. 如果你保持僵化的界限,你重视或优先考虑的是什么?

5. 为了尊重自己以及获得安全感,你需要什么?

6. 为了使对方受到尊重以及获得受尊重的感受,你认为对方需要什么?

7. 安全撤除你的界限。

他很快做出了回答。"它想保护的是我的安全感创伤。我担心如果我开放一点儿,让她走进来,我们的感情就会加深,而她也可能会离开,我会特别伤心。这让我想起了我妈妈的遭遇。我选择保护自己不受伤。我需要的是为爱冒险,她需要的是我敞开心扉。安全撤除我的界限,这意味着我要先试着分享一下,看一看效果怎样,也许我会更加开放一点儿。"

从僵化的界限到健康的界限是一个循序渐进的改变过程。它包括你逐步开放，逐渐与你信任的人分享自己的感受。

我很少听到人们在谈论界限时会提到僵化的界限。大多数围绕界限话题的社交媒体文章往往强调设定界限，很少提及撤除界限。撤除界限同样重要，这也是勇敢的行动。从僵化界限到健康界限的转变不是让你一下子把门打开。托尼不会一下子分享他所有的人生经历，或者倾诉所有的心事，卸下所有的情感盔甲。这将是循序渐进的转变过程。

当你开始撤除界限时，请一步一步慢慢来。请记住健康界限的首要任务是保护，健康界限只是不会把保护置于联结之上。托尼的目标是弄清楚保护和联结的正确比例。如果你打算推倒一堵墙，你可以先推倒5%，看一看怎么样。如果你打算建造一堵结实的围栏，你可以先建造10%，看一看它能提供怎样的保护。你不需要拆毁你的墙，也不需要在你周围建造堡垒。

这没有完美的配比，但我建议你一开始只与你真正信任的人分享一件事，看一看效果，然后你再和他分享更多，或者你可以试一试与他人分享。选择一条阻力最小的路，不要分享那些你藏在心底的东西。这样，就算有人做出消极的回应，你也不会受到太多的伤害。

不健康的界限会让你陷入无法治愈的恶性循环。你可能会注意到你倾向于松散的界限或者僵化的界限，但你也可能注意到你在两种界限之间摇摆不定，或者你与特定的人有特定的界限。我们的界限风格是个性化的。无论你注意到你自己及人际关系中的哪些方面，现在都是打破循环、放弃快速解决问题的幻想、逐步设定界限的时候了，这将向你的创伤表明，你的价值感、归属感、优先级、信任感和安全感不需要你过着没有保护或存在虚假关系的生活。你可以获得安全感和真正的联结。在健康的互动中，他人不仅支持你，还会与你一同庆贺。

第 11 章　坚持下去

当我们与人交往、维持友谊以及为人父母的时候，我们十有八九会注意到我们会重复童年经历的创伤。父母的创伤变成我们的创伤，而我们的创伤又变成我们孩子的创伤。这很常见，但并非必然。打破（或者至少识别）这种模式是本书的工作，也是你的人生任务。你可以开辟一条新的前进之路。关键的一点是了解你的原初故事，并有意识地选择整合这些知识，走向新未来。否则这对孪生的恶魔——重复行为（重复父母的行为模式）与相反行为（选择与父母相反的行为模式）——仍然会主宰你的生活。

当我向来访者描述重复行为和相反行为的时候，我让他们想象一个钟摆正在摆动。许多人无意识地不断从一个极端转向另一个极端，重复我们的模式或者没有章法地与之对抗。可是，当你摇摆不定的时候，你就无法控制自己，你就陷入了混乱的状态，这不是生活应有的方式。你还可以选择另外一种方式：整合。

整合是钟摆的中心点，摆球会聚在一起，不再失控地摆动。整合处于两个极端反应的中间。在这里，你会体验到静止、平静和联结。通过了解你的原初创伤，与你的痛苦共处，处理你收到的信息和你赋予的意义，你就达到了整合的状态。

整合是你将自我的各个部分整合到一起的练习。你把内在与外在协调起来。你的决定要与你的真实情况和真实性一致。你为人处世的方式符合真实的自我，而不是受伤的自我。你不会被恐惧、不安全感或未愈合的原初创伤所引导，而是朝着你的目标不断努力。

好消息是：改变是可以发生的。我不需要任何研究来支持这一点。我知道这一点的原因是我很荣幸我能日复一日和向我展示这一点的人一起工作。不过，我们也能通过神经可塑性（即大脑的改变能力）证明这一点。虽然大脑的重新连接和重新组织在年幼的时候更容易，但在成年期也会出现。研究表明，当我们每天进行体育锻炼、增加流向大脑的血液的时候，以及当我们学习新事物并集中注意力的时候，神经可塑性就会得到增强。这就是在治愈的过程中保持开放好奇的心态会改变生活的原因。

如果你读到这里，你就走在治愈之路上。在这本书中，你必须保持开放的心态。通过新视角，你审视自己，审视你的故事、你的信仰和你的经历。你已经承认你不容易承认的事情，看到了你在不健康模式中的角色。我的朋友，你正在做着改变生活的工作。

迄今为止，你可能已经发现你是唯一一个为改变自己负有责任的人。你可以选择如何做出回应，如何处理冲突，如何沟通、如何设定界限以及撤除界限。别人的反应不在你的控制之内,如果你等待他们迈出第一步,你可能会等待很长的时间。

我不想让你低估其中的困难。几十年以来,你重复的关系习惯是自动化的。它们正在等待你意识不到的那一刻,等待你视而不见的那一刻,这样,它们就可以重复原有的模式。在你意识到达之前,你又回到了相同的反应、相同的冲突、相同的被动—攻击型沟通方式之中。这就是为什么你读完这本书,做了相应的练习,认同本书的内容,有时还会产生深刻的共鸣之后,你仍然发现没过几周你就又回到了自动驾驶模式。

我知道这令人沮丧。

不过,这也没关系。我想提醒你的是,你不可能一夜就变成另外一个人。整合是一种心态,也是一个过程。它不是一下子发生的,而是一点一滴发生的。通过不断地练习,你会产生微小的变化。这些微小的变化累积成更显著的变化。阿根廷足球运动员莱昂内尔·梅西被认为是有史以来最伟大的球员之一。我想起了他曾说过的一句话:"我年复一年早起晚睡。我花了十七年一百一十四天,才能一夜成名。"如果你没有经过简单的练习就给自己设定无法实现的目标,那么,你会认为自己很失败,失去自信心。你的胜利就在这一过程之中。

你进行治愈工作,不仅关系到你的人际关系质量,还关系到你的整体健康。我们知道,与婚恋关系不幸福的成年人相比,那些婚恋关系幸福的成年人在身体与情感上更加健康。这不仅适用于婚恋关系。哈佛大学所做的一项历时多年的研究表明，五十岁对自己人际关系最满意的人到了八十岁的时候最健康。1972—2004年主持这项研究的哈佛精神病学家乔治·瓦伦特说做到这一点有两个基本要素："一个是爱。另一个是找到不把爱推开的生活方式。"你要积极思考与爱有关的问题，意识到妨碍你得到爱的因素是什么。

　　如何为真实的爱腾出空间呢？如何为联结腾出空间呢？如何安全地为亲密创造空间呢？你如何停止那些妨碍或推开亲密关系的事情呢？你已经在探索这些问题上做得很好了，你知道你未解决的原初创伤与推动你的力量密切相关。

　　不管你是否知道这一点，只要你拿起这本书，阅读书中的内容，就已经开始在你的婚恋关系、友谊关系和家庭关系中为真爱、联结和亲密腾出空间了。不过，如果你想坚持下去，你就必须一直实践。

　　这不是要吓唬你。恰恰相反，我认为如果你背负着马上了解并实施的压力，你将会遇到重重困难。我告诉你的是，你可以用一生的时间解决这个问题。你会在你的一生中变得越来越清醒，做出不同的反应，带着不同的目标应对冲突。那时，你会意识到你的沟通是被动—攻击的，而选择采取不同的沟通方式；那时，你会为自己的防御行为负起责任；那时，你会提醒自己：与让别人认可不真实的你相比，做真实的自己更加重要。

我还要告诉你的是，这个认识逐渐深入的过程是非常值得的。如果没有责任感的参与，你的认识只是知识，你不能只靠你的知识过上真实、轻松、平和的生活。有责任感参与的认识才是智慧，这就是成长的源泉。没有智慧，整合就不会发生。

以真实为导向

无论你已经形成了用真实换取依恋的习惯，或者你只是偶尔这样做，你要做的一部分工作就是找回真实的自己。这不是一件易事，原因是这个世界总是要求你重视其他一切事物，忽视真实的自我，但这是值得尝试的挑战。这个挑战要求你对自己的价值感、归属感、优先级、安全感和信任感建立信心，而不是认为你必须改变自己才能从别人那里得到这些感受。

原生家庭往往是我们最初放弃自己的地方。正如你所知，原生家庭里存在很多明确或隐晦的压力，你只能抛下你自己，放弃或背叛真实的自我来照顾他人。在一些情况下，你会主动照顾他人；而在另一些情况下，你改变自己来照顾他人，这样，你周围的成年人不会反应过度，感到愤怒、压力或失望。可是，你的任务不应该是管理他人的情绪体验。掌控自己是个人的责任。如果你不得不为他们这样做，或者在他们身边战战兢兢，我感到很抱歉，不过，你已经对现在的生活有了主观能动性。需要说明的一点是，我不是说让你对别人漠不关心。我想说的是，你不要失去自我和真实性，不要背负为别人处理情绪的负担。请充分领会这一点。

以真诚为导向，需要你不强迫自己。它会要求你不再重复你很久以前学到的模式，而是把你的精力集中在真实的自己上。花点儿时间想一想为了获得别人的选择、接受、认可或者爱，你如何委屈自己。你问过这样的问题吗？我要成为怎样的人，才能让对方和我在一起、陪伴我、爱我、选择我、优先考虑我呢？你觉得自己需要假装吗？你不在意自己是怎样的人，更在意你认为对方想让你成为的样子吗？回答这些问题可能令人感到不安。不过，这些答案（或者有时仅仅是提出问题）将会揭示你多年前为了生存和满足自身需求而习得的行为，而这些行为现在不再适用。你曾经做的是创造价值感或归属感、获得他人的优先考虑，或者为自己建立信任感或安全感，这可能恰恰是让你远离自己渴望的关系的行为。你一部分重要的工作是：看一看你想要保留哪些行为，放弃那些不再适用的行为。

当然，我们想得到对方的关注、陪伴、爱与选择。但是，我们为满足自身需求而习得的方式，实际上使我们更难实现我们想要的结果。你看，当你为了爱而改变或表演时，你永远不会知道别人对你好是因为真实的你还是假装的你。唯一的方法就是成为自己，这可能不是彻底的改变，但仍然有重大的影响。

在这里，我想明确的一点是，选择自己并不意味着自私。选择自己意味着尊重你的真实性。它意味着你能昂首挺胸，说出自己真实的情况，不会被别人背叛。这很困难，真的、真的很困难，尤其是这样做的后果是你受到别人的评判、羞辱、拒绝，甚至被否定。可是，当你做自己的时候，你会感到平静，发现一个艰难却自由的真相：你不同意，你批评我，甚至嘲笑我，其实都没关系。我知道我会遇到这些情况，正因为如此，我通过归属于我自己而体验到自由。我的自我主权诞生于此，它不是自动产生的。

当你用真实换取依恋时，它暴露出你的创伤。你渴望别人能暂时缓解你的创伤。比如，当你为了融入而说出一些你不认可的话时，你对没有归属感的恐惧就会得到缓解；虽然你对某件事不满意，但你为了不让伴侣难过就假装无所谓，这时，你对不配被爱的恐惧就会得到缓解。你依靠别人获得暂时的缓解，而不是依靠自己获得永久的缓解。

重要的是，你要与尽可能多的、允许你表现真实自己的人在一起。当然，这可能不是你的现实情况，但随着时间的推移，你要以它为目标。请注意：有时让你不要展现真实自己的人就是你自己。你可以识别出在你的生活中谁让你不能成为自己吗？你花点儿时间想一想你从真实换取依恋的过程中得到了什么？

迄今为止，你在本书中习得的一切知识引导你来到了这一时刻。如果你仍然觉得以真实为导向很困难，你就要知道你的创伤还是太痛苦，你还做不到展现真实的自己。你与其对自己感到沮丧，不如保持好奇心。你在内心深处要知道自己的需求。你可能需要学会解读你的身体发出的信号，而信号是连续不断出现的。

如果你要试一试真实性，你可以首先识别出你在生活的哪些时刻最经常放弃真实的自我。你想要融入、归属某一群体的时候，和父母在一起的时候，和某个朋友在一起的时候，还是和伴侣约会的时候？我们已经做了很多工作来识别原初创伤，而现在你需要审视你的人际关系和周围环境，看一看那些仍然不允许你展现真实性的地方。现在选择一段关系，想一想你是如何用真实性换取价值感、归属感、优先级、安全感或信任感的。为了给对方留下深刻印象，你在约会时假装喜欢某个事物吗？为了不给家人添麻烦，你一直忍受让你感觉不适的事情吗？关注你的行为。

我给你的挑战是，用真实的时刻代替不真实的时刻。开始冒险吧，在低风险的情境下试一试，看一看你的感觉如何。注意你受到诱惑的时刻，注意你选择不真实的时刻，当你有余力回过头看一看，想一想你本可以做些什么或者本可以如何尊重自己的真实性。

活出真实的自己，不是你一下子就能做到的，但是当你意识到你要在真实与不真实之间做出选择，在以牺牲自己为代价来优先考虑他人与尊重自己、优先考虑自己之间做出选择时，你就强化了"活出真实的自己"的观念。你要足够耐心，认识到你当前面临着选择，这是你坚持练习已掌握的关于自我与他人的知识的选择。

尊重暂停的时间

当人们让我在做出回应之前先从一数到十的时候,我总觉得这很烦。我从一开始数,每过一秒就更加焦躁。问题是我不知道我在这段时间里干什么。我不知道我应该把我的精力放在哪里,也不知道如何使这段时间更有成效、更有帮助。

大屠杀幸存者、作家和精神病学家维克多·弗兰克尔曾经说过一句名言:"在刺激和反应之间存在着空间。在这个空间里,我们有能力选择自己的反应。我们的成长与自由就存在于我们的反应之中。"当然,你遇到的情况远比只做出不同的选择更复杂,但是,尤其是对于有创伤或复合型创伤的人来说,他所说的空间是我们学习如何尊重暂停的地方。

暂停是你注意到被激活的创伤的地方。暂停是你通过散步、听舒缓音乐、活动身体、有意识地呼吸,或者向你信任的人要求拥抱的方式从而进行自我调节的地方。暂停是你提醒自己摆脱旧模式的地方,暂停是你开始提问自己以下问题的地方:这一切是否似曾相识?这里的原初故事是什么?我一般是怎样回应的?我面临着怎样的机会呢?我现在能给自己提供的治愈方式是什么?为了打破这一循环,我能做出哪些改变呢?

暂停是意识进入的地方。既然已经阅读了这本书,你就知道你该如何做。你已经知道,你的反应会把你指引向一些仍然疼痛的事物。不要让自己陷入同样的循环，而是对自己产生好奇。暂停让你有空间去照顾创伤、识别、见证、哀伤，最后转向新的行为模式。

你不可能一下子完成所有的工作。不过，你可能会说你需要一点儿时间自己处理，你可能会选择倾听而不是参与，最终你可能会和某个人一起经历即将发生的事情，加深你们之间的关系。

你能回想一下你最近的一次争执或吵架吗？你和谁发生争执并不重要，只需要关注这次争执。你还记得你对什么生气，以及你如何反应的吗？现在我想让你想象一下在你做出反应之前的那一刻，就像你假装拿起电视遥控器，按下暂停键，看到你面前的静止画面，这就是我想让你做的事。现在我想让你注意、检查和分析那个静止的画面。你看到了什么？发生了什么？难过的人是谁，你怎么知道呢？你的身体语言透露出什么？对方的身体语言透露出什么？现在，在这一暂停的时刻，我想让你思考一下此时此刻你想怎么做。基于你对自己创伤的了解，你在暂停的这一刻想为自己做些什么？你该如何关爱地照顾和尊重自己？我鼓励你反思一下这些问题。你可以写下来，也可以闭上眼睛、让自己想象这一过程，甚至还可以选择和别人分享这些反思。

你越尊重暂停的时刻，就能做得越好。我还要提醒你的是，你的练习通常是在你没有陷入冲突的时候进行的。在你被激怒的时候，你可能注意不到暂停的时刻，也可能你注意到了却告诉它滚开，你也可能没有从不同的视角看待它。你可以在事后锻炼自己的这一能力。事实上，你必须经常这样做。

你可以回顾一下争吵、关系破裂和你的过度反应，并反思：如果我能尊重暂停的时刻，我会发现自己有怎样的感受呢？我会看到被激活的创伤是什么？我的反应符合当前的情况吗？我如何才能以治愈的方式应对冲突呢？

正如弗兰克尔所说，你越尊重暂停的时刻，越尊重刺激和反应之间的空间，你就越能朝着你渴望的自我与人际关系的方向前进。在这一空间里，你可以选择让自己平静下来，或者经历熟悉的痛苦。当我们开始学习如何利用这一空间时，它会让我们走向疗愈和自由。

平静与痛苦

从我的工作中，我了解到大多数人不喜欢痛苦。你可能也一样。我这样说可能有点冒险，但是，如果你正在读这本书，你可能想的是尽量减少自己的痛苦。

当我学会尊重暂停的时候，对我最有帮助的一个问题是：我将要说的话或将要做的事会让我感到平静还是痛苦呢？但是，在我们深入探讨你的回答之前，你必须弄清楚你对平静和痛苦的定义。在你看来，这两个词语的意思是什么？你觉得它们会让你产生怎样的身体感受？

事实是，你寻求平静的决定不一定总是让你觉得轻松或舒适，实际上痛苦可能是看似更简单的选择，你在下决定的那一刻没有紧张感，也不会和别人产生摩擦。试想一下：如果你优先考虑的是平静，这意味着你要选择真实，也意味着你会被拒绝，那么这个选择可能会让你感到非常不适。这就是这项工作棘手的部分。不过，我们说的不是短期的收获，而是长期的方向。因此，我们要更聚焦于以下问题：基于我的原生创伤疗愈与相应的目标，我将要说的话或将要做的事会让我感到平静还是痛苦？

你不一定总能选择平静，而不是痛苦。事实上，我们可以把标准定得很低。如果你一开始就能有意识地做出决定，那将是重大的胜利。支持你治愈的决定确实会遇到一些阻力，这并不意外。

不过，在某一时刻，即使平静让你感到难受、不适以及不受欢迎，希望你仍然选择用平静代替痛苦。关键的一点是调整自己，确定你的选择，以及发现你这样选择的原因。改变你的行为模式、为自己的治愈负责是一种自尊自爱的行为，所以，你有足够的能量去接纳自己的不适感。

自爱

听到"自爱"这个词语，你会想到什么呢？我曾经混淆了自爱和自我关怀。我以为自爱就是享受按摩或泡泡浴、亲近大自然，以及做一些自我恢复的事情。这的确是自爱的一部分，不过，当我花时间坐下来真正思考我对自爱的定义时，我想出了这一定义。自爱是既要同情、宽宥与善待自己，也要为自己承担责任，两者缺一不可。如果不允许自己有瑕疵、不允许自己犯错，你就无法做到自爱。自爱一定蕴含着对自己的宽宥。不过，如果你逃避需要承担的义务，你也无法做到自爱。

若你和我一样混乱：你有缺点，你会犯错误，你会令人失望，你会让人沮丧，但你仍然是一个有价值的人。不过，你要为自己的混乱负责。当你犯错的时候，当你令人失望的时候，当你伤害别人的时候，承担相应的责任是自爱的表现。当你回避责任的时候，你其实是在告诉自己，你的价值感、归属感、优先级、安全感和信任感与你的完美牢牢绑在一起。当你回避责任的时候，你告诉自己的是你不配成为会犯错误的正常人，也不配得到别人的爱。

在你的整合实践中，你需要自爱。你将会面对你混乱的自我。当你发现自己处于旧模式的时候，你可能感到不安或沮丧。你想改变自己的行为，却发现自己仍然做出原有的行为，你可能会感到羞愧。尤其是在这些时刻，你需要提醒自己自爱需要的要素：善意与责任、宽宥与担当、同情与义务，并努力获得它们。

你的治愈是一项持续进行的工作，它需要你为你的人生经历腾出空间。几十年后，你将获得成功。振作起来，你正在做世界上最美好的工作——你正在进行自我疗愈。

总结

当面对你所经历的痛苦时，你也会面对你给别人带来的痛苦。你可能没有优先考虑你的伴侣，你可能总是批评你的孩子，你可能对朋友做出被动—攻击的行为。记住，要以自爱为导向，指责自己不会带来任何好处，注意自爱需要的要素：善意与责任、宽宥与担当、同情与义务。

当我们意识到自己的缺点时，我们会感到崩溃。温柔一点儿。记住你是系统中的一环。你曾经受伤、痛苦、失望、沮丧，但也让别人受伤、痛苦、失望、沮丧。这就是发生的情况。俗话说，"受伤的人也会伤害别人"。不过，得到治愈的人也会帮助治愈别人。即使你改变不了别人，你的变化也会在你所在的系统中产生影响。当你做出改变时，别人会感受到你的改变。别人可能不喜欢你的改变，但无疑会感受到你的改变。

我的朋友，你正在撼动着这一系统，你正在摆脱不再适用的旧角色，你正在挑战长辈给你的信仰、价值观和自我认同。你开始选择你的信仰。你照顾自己的创伤，放慢节奏，见证和哀伤自己的创伤。虽然创伤会时不时地出现，但当创伤出现时，你知道该怎么应对。

你正在改变你的冲突应对方式，并为它腾出空间，这将引导你与他人建立联结，走向治愈，在你和对方之间形成深厚的亲密感；你正在改变自己的沟通方式，用清晰、直接、友好、尊重双方的沟通取代那些原有的、维持创伤的沟通。即使界限让你感到不适，你也允许自己设定界限。此外，你开始撤除一些界限，尝试建立人际联结与亲密。你会相信世界上有些人在不占你便宜、不伤害你、不利用你的情况下亲近你。你能开始这样做的原因是你已经以开放的心态探索你的家庭、你的原初故事、你的原初创伤。

我的朋友，你所做的工作的成果是非常显著的。你是勇敢无畏的，你充满了力量。你选择重整旗鼓，为自己开辟一条新路。虽然你在我们没有见面的情况下读完了这本书，我仍然为你感到特别地骄傲。我知道你为刚刚完成的工作付出了多少努力。我在这里要求你做的每一件事，也是我自己要求自己做的。这是一项艰巨的任务，而你正在前进的路上。

我希望在我们的合作中，你对自己有了新的认识。我希望通过探索你的原初故事，你获得了新视角。我希望你通过新视角看待自己和他人。尽管你以成年人的身份开始阅读这本书，但在阅读的过程中，你也可能是以伴侣、朋友，甚至是父母的身份在阅读。可能你在本书分享的一些故事中看到了自己的影子，也可能在一些故事中看到了你的父母、伴侣、兄弟姐妹或朋友的影子。我们每个人都有一个很少被他人知道的故事。

你能这样看待任何人，尤其是你关心和爱的人，这多好啊！你要提醒自己他们曾经也是孩子，他们在不完美的家庭中长大，不完美的家庭可能对他们产生影响，给他们留下创伤。作家兼研究者迈克尔·克尔博士提供了一项练习，它可以帮助我们成熟地看待父母，把父母看作真实的人、独立的个体，而不仅仅是我们的父亲或母亲。他让我们"把你的母亲看作你外婆的女儿，从这一角度来了解她"。

设想一下你是否也可以这样了解自己。你要提醒自己，在你感到痛苦和沮丧的每个时刻，呈现在你面前的是一个故事，一个充满过去经历的故事，一个值得关注的故事，一个值得花时间分析的故事。我希望你能继续了解自己的原初故事，你会从中发现更多的东西。

致谢

写这本书是我最大的职业挑战之一。我坚信要想写出人们的故事、人际关系以及治愈实践,我必须特别了解自己的故事以及他人的故事。

我非常感谢每一个允许我与其一起治疗的人。不管是我过去的来访者还是现在的来访者,我从你们身上学到了很多东西。我非常荣幸能了解你们的故事,和你们一起经历治疗过程中的波折。感谢你们的出现,感谢你们敞开心扉,感谢你们一直以来的激励。我相信人们有能力做出改变,在很大程度上是因为看到你们在自己的生活中勇敢地做出了不同程度的改变。

致我的教授、导师、顾问、同事和临床医生:感谢你们一直以来的激励、教导和指导,我将会保持谦虚的学习态度,继续学习。

致我的出版经纪人史蒂夫·特罗哈和简·鲍尔:感谢你们推动这本书的写作。

致我的编辑米歇尔·霍瑞：这么说很好笑，但我想说的是从我遇到你的那一刻起，我就认定你了。你的热忱、奉献、远见和努力是有目共睹的。你善良体贴、做事用心，是我喜欢交往的人，感谢你的才华。

致德迪：我们做到了。我确信如果没有你，我不可能完成这本书。感谢你的耐心、指导、远见和努力。我很高兴我们在写作的过程中找到了乐趣。我们并肩作战，我永远感激你在我的第一本书中对我的引导和支持。因为有你，这本书变得更好。

致我在企鹅兰登书屋的团队：感谢你们的创意眼光、支持和奉献。你们背后付出了很多心力，这本书才得以出版；你们一直认真地查缺补漏，我永远感谢你们所有人。

致亚历山德拉和安吉莉卡：感谢你们帮我审阅了本书的手稿，非常感谢你们的反馈。

致我的每一位心灵帮助者：感谢你们让我反思，激发我做出改变。一些人知道自己帮助了我，但更多的人并不知道你们在治疗结束之后对我产生的影响或者治愈作用。我对你们表示诚挚的感谢。

我亲爱的朋友们：感谢你们一直以来，尤其是在写作过程中给予我的爱和鼓励，你们是我的家人、我的同胞，如果没有你们的关注，没有你们与我一起分享痛苦与快乐，这本书的写作过程就没有那么愉快了。

致我的父母：感谢你们对我的付出，即使你们遇到困难，你们依然如此支持我，我永远感激你们的爱、关注、认可、关心、关怀和奉献；感谢你们一直鼓励我，也感谢你们愿意寻求自己的治愈和改变。你们教导我事情不是一成不变的，无论年龄有多大，我都可以找到新的生活方式。

致我的丈夫康纳，我最伟大的心灵伴侣：你让我写出了一本书！感谢你看到了我的潜力。你的洞察力总是超前两年。你让我看到了自己不为人知的一面，你始终与我同行。感谢你见证我，和我一起哀伤，鼓励我转向新的行为模式。你鼓舞我朝着好的方向改变，我爱你。